„Bist du noch zu retten?"

Wie Sie Ihr gefühlsstarkes, temperamentvolles Kind richtig fördern

Katharina Lowe

Dieses Werk einschließlich aller Inhalte ist urheberrechtlich geschützt. Alle Rechte und Übersetzungsrechte vorbehalten. Nachdruck oder Reproduktion (auch auszugsweise) in irgendeiner Form, sowie die Einspeicherung, Verarbeitung, Vervielfältigung und Verbreitung mit Hilfe elektronischer Systeme jeglicher Art, gesamt oder auszugsweise, sind ohne ausdrückliche schriftliche Genehmigung des Verlages untersagt. Alle Namen und Personen sind frei erfunden und Zusammenhänge mit real existierenden Personen sind rein zufällig. Alle Inhalte wurden unter größter Sorgfalt erarbeitet. Der Verlag und der Autor übernehmen jedoch keine Gewähr für die Aktualität, Korrektheit, Vollständigkeit und Qualität der bereitgestellten Informationen. Druckfehler und Falschinformationen können nicht vollständig ausgeschlossen werden.

Wichtig! Bevor Sie mit dem Lesen anfangen:

Für eine begrenzte Zeit steht Ihnen ein kostenloses Bonusheft zum Download zur Verfügung. In diesem Bonusheft geht es um das „Attachment Parenting" - ein Erziehungsansatz, mit dem Sie die Bindung zu Ihrem Kind stärken können. Alle Informationen, wie Sie sich das Gratis-Bonusheft sichern können, finden Sie am Ende dieses Buches (zeitlich befristetes Angebot).

Inhalte

Einleitung ix

Kapitel 1: Woran ich merke, dass mein Kind schwieriger zu erziehen ist als andere 1
    Die Trotzphase 2
    Die Autonomiephase 7
    Die Pubertät 8

Kapitel 2: Woher weiß ich, ob mein Kind nur temperamentvoll ist, oder Anzeichen von ADHS / Hochsensibilität zeigt? 13
    Von Zappelphilipps und Heulsusen - hat mein Kind ADHS? 13
    Hochsensibilität: Wenn alles irgendwie doof ist 17

Kapitel 3: Wie unterscheidet sich mein temperamentvolles Kind von anderen? 23
    Welchem Persönlichkeitstyp entspricht mein Kind? 24
    Umgang mit temperamentvollen Kindern 28
    Warum willensstarke und temperamentvolle Kinder auch einfach wunderbar sind 34

Kapitel 4: Umgang mit temperamentvollen Kindern in typischen Stresssituationen 37

Kapitel 5: Erziehungstipps für herausfordernde Situationen mit temperamentvollen Kindern 57
    Grundsätzliche Erziehungstipps bei temperamentvollen Kindern 57
    Endlich keine Windeln mehr: Tipps fürs Trockenwerden 59
    Tipps für stressfreies Einkaufen mit dem Kind 61

Kleinkrieg im Sandkasten: Tipps, um Streitereien
zwischen Kindern zu deeskalieren 62
Grundlegende Tipps für den Spielplatzbesuch 63
Tipps, um in der Trotzphase zu überleben 64
Tipps für konstruktive Reaktionen bei
schimpfenden und fluchenden Kindern 65
Tipps für Zeiten, in denen das Kind partout
nicht hören will 66
Tipps für gemeinsame Essensrituale 67
Tipps für bessere Tischmanieren 69
Tipps rund um die Zeugnisvergabe 69
Tipps zum Umgang mit digitalen und sozialen
Medien 70
Tipps zum Entschärfen von
Geschwisterkonflikten 72
Tipps für mehr Ordnung im Kinderzimmer 73

Kapitel 6: Die Kunst, Grenzen zu setzen 75
Warum klare Grenzen wichtig und
wertvoll sind 77
Grenzen setzen in der Pubertät 83

Kapitel 7: Hochbegabung: Fluch oder Segen? 91
Was bedeutet es, ein hochbegabtes Kind
zu haben? 92
Wie Sie Ihr hochbegabtes Kind optimal fördern 96

Kapitel 8: Der kleine Unterschied bei
temperamentvollen Jungs und Mädchen 101
Jungen: Muttersöhnchen - Rabauken
-Testosteronschleudern 101
Was macht einen guten Vater aus? 103
Testosteron, der Stoff der Jungs zu Jungs
macht 104
Mädchen: Wenn kleine Prinzessinnen zur
Diva werden 105

Tipps zur optimalen Entfaltung von Mädchen............106
Vorbilder geben Sicherheit..108
Gehirne von Jungen und Mädchen arbeiten
unterschiedlich..108
Zu früh gefreut: Wenn kleine Prinzessinnen
zur bösen Königin werden..109
Der richtige Umgang mit Mädchen in
der Pubertät...111
Ausnahmen bestätigen die Regel..................................113

Kapitel 9: Wenn Paare zu Eltern werden: Eine
Zerreißprobe..115

Kapitel 10: Mögliche Ursachen für
temperamentvolle Kinder..125
Gestörte Beziehungen 125
Vaterlosigkeit...126
Der Situation ins Auge schauen.....................................127
Sonderkapitel: Immer mehr Kinder schwer
erziehbar: Ursache der Schulmisere 129

Wenn gar nichts mehr geht: Professionelle Hilfe bei
schwer erziehbaren Kindern und Jugendlichen 133

Gratis-Bonusheft...137

Einleitung

In diesem Buch geht es um Kinder. Kinder haben viele Facetten - kein Kind ist wie das andere. Insgeheim wünschen sich alle Eltern ein pflegeleichtes Kind, welches stets lieb und freundlich ist und darauf hört, was die Eltern sagen. Laut meiner Mutter war ich selbst solch ein Kind und erwartete auch nichts Gegensätzliches, als ich vor ca. 6 Jahren mit meinem ersten von drei Söhnen schwanger war. Heute muss ich mir eingestehen, dass Erziehung ganz schön schwierig sein kann und Kinder eben nicht immer so funktionieren, wie man es sich wünscht und sie hier und da ihre Eigenheiten haben, die einem das Leben nicht gerade leicht machen.

Aber kann man Kinder tatsächlich in „schwierig" und „unkompliziert" einteilen? Welche Ursachen gibt es, abgesehen vom Charakter, die ein Kind „schwierig" werden lassen? Gibt es Phasen in der Entwicklung, die komplizierter sind als andere? Diese und weitere Themen möchte ich in diesem Buch einmal genauer unter die Lupe nehmen und Tipps und Ratschläge geben, wie man mit kleinen Monstern und Tyrannen (es ist vollkommen normal, seine Kinder manchmal als solche zu empfinden) am besten umgeht, und natürlich auch, wie man sich selbst schützt, wenn einem alles zu viel wird, der Partner ständig genervt ist, oder die Blicke und Kommentare von Außenstehenden zu viel werden.

Genauer gesagt beantwortet dieses Buch folgende Fragen:
- Woran Sie festmachen können, dass Ihr Kind temperamentvoll ist, und es sich nicht nur um eine

Phase, sondern um einen unabänderlichen Wesenszug Ihres Kindes, handelt (Kapitel 1).
- Wie Sie die Grenze zwischen „nur" temperamentvoll und anderen Verhaltensauffälligkeiten, insbesondere ADHS und Hochsensibilität, ziehen können (Kapitel 2).
- Was Sie über den Umgang mit temperamentvollen Kindern wissen müssen und was das Besondere an ihnen ist (Kapitel 3).
- Wie Sie typische Stresssituationen mit temperamentvollen Kindern vorhersehen und abmildern können, beispielsweise im Umgang mit unruhig gewordenen Kindern im Restaurant (Kapitel 4).
- Was Ihnen bei der Erziehung Ihrer kleinen Rabauken helfen kann, angefangen bei Essensritualen über Ratschläge zum konfliktfreien Einkaufen bis hin zum positiven Umgang mit stressbeladenen Situationen, wie der Zeugnisübergabe (Kapitel 5).
- Warum es insbesondere bei temperamentvollen Kindern so wichtig ist, Grenzen zu ziehen, und worauf Sie dabei achten sollten (Kapitel 6).
- Wie Sie erkennen, ob Ihr temperamentvolles Kind auch hochbegabt ist (was bei temperamentvollen Kindern häufig der Fall ist) und wie Sie damit umgehen (Kapitel 7).
- Inwiefern sich starkes Temperament bei Mädchen und Jungen unterschiedlich äußert und wie Sie passend darauf reagieren können (Kapitel 8).
- Wie Sie als Paar die Herausforderung meistern, gemeinsam ein temperamentvolles Kind großzuziehen (Kapitel 9).
- Wie Sie mögliche Ursachen für das besondere Temperament Ihres Kindes auf den Grund gehen (Kapitel 10).
- Und zu guter Letzt, was Sie tun können, wenn die Erziehung Ihres temperamentvollen Kindes Sie komplett

überfordert und Sie und Ihr Kind professionelle Hilfe benötigen.

Mit diesem Buch möchte ich Ihnen zuerst einmal vermitteln, dass Sie mit Ihrem temperamentvollen Kind nicht alleine sind und Ihnen das Gefühl der Überforderung nehmen, denn es gibt jede Menge erprobte Tipps zum Erziehen von besonders temperamentvollen Kindern. Selbstverständlich ist jedes Kind anders, aber einige davon werden sicherlich helfen. Viel Spaß beim Lesen und Ausprobieren!

Kapitel 1:
Woran ich merke, dass mein Kind schwieriger zu erziehen ist als andere

In vielen Familien, Kindergärten oder Schulen gibt es Kinder, die den Ruf haben, schwierig oder gar verhaltensauffällig zu sein. Immer mehr Eltern suchen mit ihren Kindern daher Therapeuten auf oder lassen sich sogar Medikamente verschreiben. Eine Studie des Robert Koch Instituts hat ergeben, dass rund 20 Prozent aller Kinder als verhaltensauffällig gelten. Dahinter kann eine Krankheit stecken, muss aber nicht. Manchmal ist es einfach nur ein besonders stark ausgeprägtes Temperament. In einigen Fällen liegt es tatsächlich auch am familiären Umfeld und Fehlern, die in der Erziehung gemacht werden und wurden. Viele Kinder sind auch nicht dauerhaft schwierig und anstrengend, sondern nur in bestimmten Phasen, die einfach dazugehören und vorübergehen.

Diese Phasen durchläuft jedes Kind im Laufe seiner Entwicklung. Die meisten Kinder sind in diesen Zeiten schwieriger und aufmüpfiger als sonst. Am Anfang ist es die Trotzphase, dann die Autonomiephase und später die Pubertät. Die Kinder sind in deren Verlauf häufig frech und vorlaut oder benehmen sich generell daneben. Solch ein Verhalten führt nicht selten zu Tuscheleien hinter vorgehaltener Hand, das Kind sei schwierig. Oft sind es jedoch vor allem kinderlose Personen, die solche Vermutungen aufstellen.

Um solche Phasen und den Hintergrund des kindlichen Verhaltens besser verstehen zu können, möchte ich sie zunächst einmal einzeln beschreiben, bevor es dann um die tatsächlich schwierigen Kinder geht, die unabhängig von der jeweiligen Entwicklungsphase temperamentvoller und willensstärker sind als andere Kinder.

Die Trotzphase

Etwa im Alter zwischen 2 und 5 Jahren sind regelmäßige Trotzanfälle bei Kindern völlig normal und ein wichtiger Schritt in der Entwicklung. Sie kommen meist unerwartet und innerhalb von Sekunden. Die Auslöser erscheinen uns Eltern oft belanglos, wie zum Beispiel die Auswahl eines falschen Getränks (Apfelsaft statt Orangensaft), beim Spazierengehen geht aus Versehen jemand anderes vorne, obwohl der Nachwuchs diesen Platz für sich beansprucht, oder jemand kommt ihm beim Drücken des Knopfes an der Fußgängerampel zuvor. Alle diese Situationen führen zum gleichen Ergebnis: Es gibt ein großes Drama in Form von Gebrüll, sich stur stellen, sich auf den Boden werfen, wildes Herumfuchteln mit sämtlichen Extremitäten oder auch kompletter Verweigerung.

Solche Momente kennen wohl alle Eltern. Viele reagieren mit Unverständnis. Doch was passiert tatsächlich? Was spielt sich im Kopf der Kinder ab, was für uns Große einfach nicht rational nachvollziehbar ist?

Friederike hielt sich immer für stark. Aber die Trotzphase ihres Sohnes brachte auch sie an ihre Grenzen:

„Ich bin momentan wirklich geschockt, was aus meinem kleinen süßen Baby geworden ist. Durch meinen Job im pädagogischen Bereich dachte ich eigentlich, dass ich ein relativ dickes Fell habe, vor allem in Bezug auf Trotz und Bockigkeit.

Aber Fehlanzeige! Beim eigenen Kind ist das wohl anders. Die letzten Monate waren recht ruhig. Unser Sohn Tim war ein richtiger Sonnenschein. Klar war er auch mal wilder, aber so sind Jungs eben und in einem gewissen Maße ist das ja auch gut so. Ich wusste aus Büchern und von Freunden, dass die Zeit zwischen 2 und 3 Jahren meistens etwas anstrengender ist, aber, dass es tatsächlich so schlimm wird, hätte ich nie im Leben für möglich gehalten. Es waren wenige Tage, die unser ganzes Leben auf den Kopf gestellt haben. Plötzlich war unser Tim ein schlechtgelauntes und aggressives kleines Monster. Bei jeder Gelegenheit hat er gebrüllt und geschrien und fand es dabei sogar lustig, uns zu treten, zu schlagen und an den Haaren zu ziehen. Ich hätte es auch nie für möglich gehalten, dass solch ein kleiner Wurm einen schon so gezielt versucht zu provozieren, indem er zum Beispiel sein Getränk oder den Teller absichtlich vor unseren Augen umkippt. Wenn er sich so verhält, bin ich oft den Tränen nahe. Ich weiß absolut nicht, woher er das hat und wieso er das tut. Als stünde er unter Dauerstrom, rennt er wie wild geworden durch die ganze Wohnung und reißt ohne Rücksicht auf Verluste alles mit, was ihm in die Quere kommt. Und das, obwohl ich jeden Tag viel Zeit mit ihm an der frischen Luft verbringe und ihn auf Spielplätzen toben lasse - seine Energie scheint endlos zu sein. Ich bin einfach nur deprimiert und weiß nicht mehr weiter. Früher war alles so harmonisch. Ich hoffe, dass es tatsächlich nur eine Phase ist, wie alle sagen, und wir bald wieder auf eine liebevollere und entspanntere Art und Weise zusammenfinden."

Friederike, 31, über ihren Sohn Tim, 2

Ein Trotzanfall ist eine Art Kurzschluss, der sich explosionsartig entlädt, oft im Zusammenhang mit den (unbewussten) Ängsten und Sorgen des Kindes. Es braucht oft nur eine minimale Initialzündung, eine kleine, nichtig erscheinende Ursache, um das Kind aus dem emotionalen Gleichgewicht zu bringen. Steuern kann das Kind dies nicht. In solchen Momenten ist es von den eigenen Gefühlen, wie Zorn oder Wut, dermaßen überwältigt, dass es komplett die Kontrolle verliert. Deshalb hilft es auch nicht, wenn man geduldig auf das Kind einredet oder sogar mit ihm schimpft. Davon bekommt das Kind in seiner Blase nichts mit. Klingt nervenaufreibend und ist es auch, nicht nur für die Eltern, sondern auch für das Kind. Eine falsche Reaktion der Eltern würde den emotionalen Ausbruch des Kindes jedoch noch verstärken.

Aber warum muss das sein? Geht es nicht auch einfacher? Leider sind Trotzanfälle ein wichtiger Aspekt der kindlichen Entwicklung. Die Kleinen entdecken ab einem Alter von 2 Jahren, dass sie einen eigenen Willen besitzen und erforschen Wege, wie sie diesen auch durchsetzen können. Hierbei entwickeln Kinder oft ein immenses Durchhaltevermögen und legen eine große Beharrlichkeit und Frustrationsschwelle an den Tag. Selbst nach dem zwanzigsten „Nein" entgegnen sie uns noch immer ein: „Ich will aber!" Auch wenn man weiß, und es sich auch immer wieder vor Augen hält, dass es gut für die Entwicklung ist, ist es für uns als Eltern vor allem nervig, kräftezehrend und häufig auch frustrierend. Für die Kinder ist es indes eine wichtige Erkenntnis: Im Leben muss man durchhalten und nicht aufgeben, bis man das, was man erreichen möchte, geschafft hat, und wenn man sein Ziel erreicht hat, kann man stolz auf sich sein. Trotzdem muss das Kind in dieser Phase auch lernen, seine eigenen Emotionen in den Griff zu bekommen und zu regulieren. Es lernt Geduld zu haben, wenn etwas nicht gleich so läuft, wie es sich das vorstellt. Für Kinder ist es oft ein Dilemma. Sie sind sich ihres eigenen Willens bewusst, haben jedoch häufig noch nicht die motorischen oder sprachlichen Fähigkeiten, diesen zu kommunizieren oder umzusetzen. Dass dies frustrierend ist und wütend machen kann, ist wohl für jeden nachvollziehbar.

Durch die Trotzphase müssen wir letztendlich alle einmal durch und im Endeffekt ist das auch gut für das spätere Leben. Die Lernschritte, die das Kind in solchen Phasen in Bezug auf den Umgang mit Stress und Frustration durchläuft, sind einfach unverzichtbar für das soziale Miteinander, sei es in Kindergarten, Schule oder auch später im Erwachsenenalter.

Für Eltern ist es wichtig zu wissen, dass der Trotz des Nachwuchses absolut nichts mit bösem Willen oder schlechter Erziehung zu tun hat. Die Kinder sind in solchen Situationen quasi Opfer einer entwicklungsbiologischen Naturgewalt und dürfen aufgrund dessen nicht als schwierig oder schwer erziehbar eingestuft werden.

Dennoch möchte ich Ihnen an dieser Stelle ein paar Tipps mit auf den Weg geben, wie man solche Anfälle am besten meistert:

- Achten Sie auf jeden Fall darauf, dass sich Ihr Kind in seiner Wut nicht verletzen kann.
- Streben Sie einen sanften Körperkontakt an, denn die Botschaft: „Ich bin bei dir und hab dich lieb", lässt das Kind schneller wieder zur Ruhe finden. Zwingen sie es aber nie, wenn es keinen körperlichen Kontakt möchte!
- Es bringt nichts, mit dem Kind während eines Wutanfalls zu sprechen. Warten Sie lieber ab, bis es sich beruhigt hat.
- Vermeiden Sie zu schreien, zu schimpfen oder laut zu werden. Bleiben Sie möglichst ruhig.
- Je weniger Aufmerksamkeit Sie dem Wutanfall beimessen, desto schneller wird er vorüber sein.
- Nehmen Sie den Wutanfall nicht persönlich und geben Sie sich nicht die Schuld daran.

- Vergessen Sie den Gedanken, Wutanfälle seien vorhersehbar und vermeidbar.
- Müde, hungrige oder überforderte Kinder neigen eher zu Wutanfällen. Bedenken Sie dies also bei der Planung Ihrer Aktivitäten.
- Feste Abendrituale sorgen für einen besseren Schlaf und mehr Ausgeglichenheit am Abend.
- Verlässliche Regeln vermitteln dem Kind Halt und Sicherheit und geben ihm weniger Anlass, die Grenzen auszutesten.
- Besonders jüngere Kinder lassen sich, wenn man schnell reagiert („Schau mal, ein Bagger!"), leicht ablenken, bevor es zum Ausbruch kommt.
- Geben Sie dem Kind Techniken an die Hand, um mit seiner Wut besser umgehen zu können. Sagen Sie ihm deutlich, was okay ist (z. B. mit Kissen schmeißen) und was nicht (z. B. mit Türen knallen).

Wutanfälle sind in der Trotzphase ganz normal und haben nichts mit schlechter Erziehung zu tun. Eigentlich sind sie sogar ein gutes Zeichen, denn Kinder haben solche Anfälle nur bei Menschen, zu denen sie vollstes Vertrauen haben und bei denen sie sich sicher fühlen. Bleiben Sie also möglichst gelassen und machen Sie keine allzu große Sache aus den Launen Ihres Kleinkindes. Jeder Anfall geht nach wenigen Minuten vorbei und in den seltensten Fällen sind Kinder in diesem Alter längere Zeit nachtragend.

Die Autonomiephase

Die Autonomiephase ist im Prinzip eine Weiterentwicklung der Trotzphase, die besonders im Kindergartenalter, zwischen 4 und 6 Jahren, auftritt. In diesem Alter entwickeln Kinder noch einmal einen besonders starken Willen und wollen viele Dinge selbst machen, zu denen sie körperlich, motorisch oder geistig noch nicht in der Lage sind, oder die man ihnen aus den verschiedensten Gründen einfach nicht erlauben kann. Generell gelten in dieser Phase die gleichen Tipps wie in der Trotzphase. Dennoch gibt es ein paar Dinge, die Sie als Bezugspersonen beachten sollten, um die Situation für alle einfacher zu machen:

- Planen Sie stets etwas mehr Zeit ein, um Ihrem Kind so die Möglichkeit zu geben, Dinge selbst zu erledigen. Dies kann zum Beispiel bedeuten, dass Ihr Kind sich seine Kleidung morgens selbstständig auswählen und anziehen kann.
- Ermöglichen Sie dem Kind möglichst oft, eigenständig und in seinem eigenen Tempo zu handeln. Bieten Sie bestenfalls auch gezielt Situationen an, in denen es das tun kann.

Wie es ist, wenn das eigene Kind nicht mehr hören, und stattdessen alles selbst entscheiden und machen möchte, hat Anja erlebt:

„Ich muss mich wirklich mal ausheulen. Seit einiger Zeit komme ich mit meinem Sohn Finn, 5 Jahre, überhaupt nicht mehr zurecht. Egal was ich sage oder tue, wir geraten immer aneinander. Das fängt schon beim Anziehen oder Aufräumen an. Entweder bummelt oder trödelt er, oder er verweigert sich komplett und wird dabei mitunter sogar richtig patzig. Ich versuche „hart" zu sein, aber das tut mir im Herzen weh. Wenn ich ihn dann ohne Essen ins Bett schicke, weil er zur regulären Essenszeit nichts essen wollte, bricht es mir fast das Herz. Aber ich kann ja auch nicht alles durchgehen lassen. Er rastet dann natürlich aus. Und mit fünf Jahren hat er wirklich schon sehr viel Kraft. Er tobt wie ein Wilder, schreit, wirft mit Sachen und knallt mit Türen. Immer wieder werde ich laut und schimpfe, schicke ihn in sein Zimmer. Am Ende weint er in seinem Zimmer und ich im Zimmer daneben. Ich denke oft an die Zeit zu-

rück, als wir eine total gute Bindung hatten, und habe Angst, dass diese Bindung immer mehr kaputt geht. Und natürlich fürchte ich mich davor, dass es noch schlimmer wird und er mir komplett entgleitet. Ich kann nichts machen, außer hoffen, dass es wirklich nur eine Phase ist, wie alle sagen."

Anja, 29, über Finn, 5

Die Pubertät

Auch die Pubertät wird von fast allen Eltern als schwierig empfunden. Sie gehört zum Erwachsenwerden dazu und spielt sich ca. zwischen dem 12. und 20. Lebensjahr ab. Selbst Kinder, die bis zu diesem Zeitraum extrem unkompliziert und lieb waren, können Eltern plötzlich in den Wahnsinn treiben und sind kaum zu ertragen. Gespräche eskalieren häufig, es kommt zu gegenseitigen Vorwürfen bis hin zur kompletten Verweigerung gegenüber den Eltern. Ein großer Fehler ist zu glauben, dass feste Rituale und Regeln nur etwas für kleine Kinder sind und man den größeren mehr Freiräume geben muss. Denn tatsächlich sind klare Strukturen für pubertierende Jugendliche sehr wichtig, da sie ihnen in dieser verwirrenden Zeit, Verlässlichkeit, Vertrautheit und Orientierung geben. Grenzen schränken die Entwicklung keinesfalls ein, sondern zeigen den Heranwachsenden wichtige Perspektiven für die Zukunft auf. Sie können auch eine Hilfestellung für die Jugendlichen sein, um zu erkennen, wo sie hingehören und wo sie hinwollen. Grenzen zu überschreiten, oder auch nur der Wunsch sie auszuweiten, ist ein immens wichtiger Schritt in der Entwicklung der eigenen Persönlichkeit. Ohne sie verschwimmt diese Entwicklung.

Da müssen auch Ruth mit ihrer Tochter Cecilia und Christin mit ihrem Sohn Ben durch. Hier sind ihre Erfahrungen:

„Meine Tochter Cecilia ist 14 Jahre alt und steckt mitten in der Pubertät. Eigentlich war sie immer ein sehr liebes Mädchen und wir sind relativ gut miteinander klar gekommen. Nun ist sie nur noch am Nörgeln. Angeblich nerven wir sie nur noch, wenn wir irgendetwas von ihr wollen. Wenn sie Freunde zu Besuch hat, sollen wir am liebsten verschwinden, weil ihr unser Verhalten angeblich peinlich und zu uncool ist. Mein Mann und ich können machen, was wir wollen, sie ist einfach nicht mehr zufrieden mit uns. Dazu kommt, dass wir das Gefühl haben, dass sie uns immer mehr entgleitet. Früher hat sie uns alles erzählt und heute müssen wir ihr alles aus der Nase ziehen. Ich denke auch, dass sie uns einiges verheimlicht. Es macht mir sehr große Angst, nicht genau zu wissen, mit wem sie sich nach der Schule oder am Wochenende trifft. Früher kannte ich alle ihre Freunde und deren Eltern. Wer weiß, vielleicht hat sie ja sogar einen festen Freund. Immerhin nimmt sie die Pille, seit sie ihre erste Periode hatte. Außerdem lauern da noch viele andere Gefahren: Krankheiten, Drogen ... In der Schule kommt sie noch gut mit. Das beruhigt uns sehr. Aber die Pubertät hat gerade erst begonnen und wir sind wirklich besorgt, was da noch alles auf uns zukommen wird."

Ruth, 42 über Cecilia, 14

„Hilfe, ich erkenne meinen Sohn nicht mehr! Und das liegt nicht nur an der deutlich tiefer gewordenen Stimme und den paar Bartstoppeln, die seit einiger Zeit sprießen, sondern vor allem an seinem Verhalten. Ben war schon immer etwas temperamentvoller. Dabei war er allerdings auch lieb und anhänglich und hat sich für total viele Dinge interessiert. Mal wollte er Forscher werden, dann Astronaut... Und nun ist er gerade dabei, sich seine Zukunft total zu verbauen. Einfach alles nervt ihn. Wir nerven, Schule nervt, Lehrer nerven. Am liebsten würde er nur noch mit seinen Freunden abhängen, Computerspiele zocken und feiern gehen. Wenn wir ihn darauf hinweisen, er

solle doch mal wieder mehr für die Schule lernen, werden wir entweder ignoriert oder angemeckert, von wegen wir sollen erst einmal chillen und ihn nicht nerven. Tja, das ist für besorgte Eltern natürlich leichter gesagt als getan. Einmal haben wir ihn auch schon beim Rauchen erwischt. Ich gehe mal davon aus, dass der erste Joint auch nicht mehr weit ist und er die ersten Erfahrungen mit Alkohol und Mädchen auch bereits gemacht hat. Mir ist klar, dass jeder in seiner Jugend gewisse Sachen ausprobiert und es im gesunden Maße auch okay ist. Ich mache mir einfach nur Sorgen, dass wir nicht mehr zu ihm durchkommen, er uns nichts mehr erzählt und wir so die Kontrolle verlieren und ihn nicht mehr beschützen können. Mir ist klar, dass er mit 16 Jahren kein kleines Kind mehr ist und auch schon bald erwachsen sein wird. Als Mutter ist es aber verdammt schwer, das so hinzunehmen. Alles was ich möchte, ist mein Kind zu beschützen."

Christin, 45 über Ben, 16

Wie Sie sehen ist Erziehung also generell nicht leicht, da jedes Kind in seinem Leben Phasen durchläuft, in denen es schwieriger ist, das eine mehr, das andere weniger. Das perfekte Kind, das immer lieb und brav ist, gibt es nicht. Erziehung ist immer eine Mischung aus Abenteuer und Herausforderung.

Trotzdem stimmt es, dass manche Kinder schwieriger, oder sogar schwer erziehbar, sind. Diese Kinder machen den Eltern auch zwischen den bekannten Phasen, die ich gerade beschrieben habe, das Leben und das Erziehen schwer. Dies kann am Charakter und der Persönlichkeit liegen, aber ebenso auch einen medizinischen Grund haben. Doch wie erkennt man solche Ursachen und woran macht man fest, dass das Kind tatsächlich schwer erziehbar ist?

In der Pädagogik wird heutzutage zunächst nach einem medizinischen oder psychologischen Grund gesucht, beziehungsweise versucht, solch einen auszuschließen. Die häufigsten Ursachen dafür, dass sich ein Kind nicht tadellos benimmt, sind das Aufmerksamkeits-Defizit-Syndrom (ADHS) oder eine Hochsensibilität. Das Vorliegen von ADHS muss allerdings nicht zwangsläufig zu einem schwer erziehbaren Kind führen, sondern kann sich auch einfach nur in einem erhöhten Bewegungsdrang äußern. Man sollte sein Kind genau beobachten und reflektieren, warum man es für schwer erziehbar hält, und ob es nicht vielleicht doch an einem selbst und den angewandten Erziehungsmethoden liegt. Außerdem wäre zu überlegen, ob es irgendwelche Veränderungen im Umfeld gab, oder vielleicht Probleme in der Schule oder im Freundeskreis vorhanden sind. Wenn man alle möglichen Gründe ausgeschlossen hat, kann man einen Kinderpsychologen aufsuchen, der noch einmal genauer nach den Ursachen für das Verhalten des Kindes forscht. In vielen Fällen findet man eine Ursache, die man leicht aus der Welt schaffen kann, wodurch wieder mehr Harmonie in den Familienalltag einkehrt.

Kapitel 2:
Woher weiß ich, ob mein Kind nur temperamentvoll ist, oder Anzeichen von ADHS / Hochsensibilität zeigt?

Mit temperamentvollen Kindern ist jeder Tag anders, Stimmungen können in Sekundenschnelle umschlagen. Wenn Ihnen die Situation über den Kopf zu wachsen droht, haben Sie sich sicher schon einmal gefragt, ob Ihr Kind nun wirklich nur besonders temperamentvoll ist, oder ob nicht noch mehr dahintersteckt, beispielsweise ADHS oder Hochsensibilität. Auf beide Begriffe möchte ich daher im Folgenden genauer eingehen, damit Sie mögliche Anzeichen für eine weitergehende Persönlichkeitsveränderung Ihres Kindes frühzeitig erkennen und dementsprechend darauf eingehen können. Wohlgemerkt: Höchstwahrscheinlich bewegt sich das Verhalten Ihres Kindes weiterhin im Rahmen des vollkommen normalen Verhaltensspektrums bei „lediglich" temperamentvollen Kindern, aber es ist gut zu wissen, woran Sie das festmachen können.

Von Zappelphilipps und Heulsusen - hat mein Kind ADHS?

Von ADHS haben Sie sicher schon gehört. Vielleicht fragen Sie sich tatsächlich, ob Ihr Kind darunter leidet, oder es in einem noch angemessenen Rahmen einfach nur wild ist. Ein Kind mit ADHS lässt sich leicht ablenken und kann seine Aufmerksamkeit nicht lange auf eine Sache richten, wodurch vor allem Schulkinder große Probleme haben und leiden. Aber auch bei jüngeren Kindern kann man dies beobachten, beispielsweise wenn sie angefangene Spiele oder Beschäftigungen stets nach kurzer Zeit abbrechen und mit neuen Aktivitäten beginnen.

Eine weitere Auffälligkeit bei Kindern mit ADHS ist ein sehr ausgeprägter Bewegungsdrang, der sich auch als äußere Unruhe bemerkbar macht. Stillsitzen ist so gut wie nicht möglich, selbst für eine kurze Dauer fällt dies den Kindern sehr schwer. Daher rührt auch der mit ADHS in Verbindung gebrachte Begriff des „Zappelphilipp-Syndroms". Häufig springen Kinder mit ADHS im Klassenzimmer wortwörtlich über Tisch und Bänke. Nicht, um die Lehrkraft zu verärgern, sondern weil sie einfach nicht anders können.

Auch unkontrolliertes Handeln durch eine besonders starke Impulsivität kennzeichnet ADHS. Die betroffenen Kinder denken nicht über ihr Handeln nach und agieren nicht vorausschauend. In der Schule platzen sie häufig schon mit Antworten heraus, ehe die Frage zu Ende gestellt wurde, oder beginnen mit Aufgaben, ohne die Anleitung komplett bis zum Ende gelesen und verstanden zu haben.

All diese Merkmale können ein Hinweis auf ADHS sein, können aber auch auf andere Erkrankungen hindeuten. Außerdem treten auch bei völlig gesunden Kindern solche Verhaltensmuster von Zeit zu Zeit auf. Daher sollte man bei einem Verdacht einen Arzt aufsuchen und mögliche Ursachen sorgsam abklären lassen. Der Übergang von gesund zu krank ist in diesem Bereich oft fließend und nicht immer eindeutig zu bestimmen.

Martina hat genau das durchgemacht und erst seit der eindeutigen Diagnose ist der Alltag mit ihrem Sohn einfacher geworden. Hier berichtet sie von ihren Erlebnissen in der Zeit vor der ADHS Diagnose:

„Mein Sohn Johann ist 9 Jahre alt und hat die Diagnose ADHS. Vor der Diagnose haben wir eigentlich alle Erziehungsmethoden ausprobiert, die es gab. Wir waren streng, autoritär, antiautoritär, freundschaftlich... Nichts hat geholfen. Wir haben ihn nicht in den Griff bekommen. Bereits als kleines Kind war Johann irgendwie anders. Nie hat er irgendetwas länger durchgehalten. Wenn wir Besuch hatten, oder irgendwo zu Besuch waren, hat er alle nach kurzer Zeit terrorisiert. Er konnte sich immer nur kurz mit einer neuen Sache beschäftigen, ehe sie ihm zu langweilig wurde. In der Regel war das nie länger als eine halbe Stunde. Im Kindergarten mussten wir uns anhören, dass er ständig andere Kinder ärgert und stört. Teilweise hat er anderen Kindern sogar zum Spaß ein Bein gestellt oder ihnen an den Haaren gezogen, was er selbst natürlich ziemlich lustig fand. Auch im Kindergarten konnte er sich nie lange auf ein Spiel oder eine Aktivität konzentrieren. Neue Dinge wollte er meistens gar nicht ausprobieren. Dann lieber doch das Bekannte machen, was wiederum schnell langweilig wurde. Ein Teufelskreis. Was uns auch auffiel, war, dass Johann sehr lange gebraucht hat, bis er seine Schuhe und Jacke selbst anziehen konnte. Ich dachte immer, er sei einfach faul und lasse es lieber von anderen machen. Erst nach der ADHS Diagnose habe ich dann erfahren, dass Kinder mit diesem Syndrom häufig Probleme mit der Feinmotorik haben. Jetzt, da wir die Diagnose haben, sehen wir vieles lockerer und geben uns weniger Schuld an seinem Verhalten. Natürlich ist es mit ihm immer noch extrem anstrengend, aber wir haben uns mit der Situation abgefunden, und freuen uns über jeden kleinen Schritt in die richtige Richtung, den er durch die Therapie macht."

Martina, 40 über Johann, 9

Sollte bei Ihrem Kind tatsächlich ADHS diagnostiziert worden sein, geben Sie sich bitte nicht die Schuld daran. ADHS wird nicht durch Erziehungsfehler verursacht, sondern beruht höchstwahrscheinlich auf einer genetischen Veranlagung. Allerdings gibt es Faktoren, wie zum Beispiel übermäßiger Fernseh- oder Computerkonsum, die das Auftreten der ADHS-Symptome verstärken können.

Ist Ihr Kind an ADHS erkrankt, gestalten sich Umgang und Erziehung tatsächlich herausfordernder als bei nicht erkrankten Kindern. Beziehungen, sowohl zwischen Eltern und Kind als auch zwischen den Geschwistern, sind oft sehr konfliktbelastet. Auch Freundschaften mit anderen Kindern sind seltener und von kürzerer Dauer, da Kinder mit ADHS auch von anderen Kindern generell als schwierig wahrgenommen werden. In der Folge kann das Kind unter einem niedrigeren, oder gar negativen, Selbstwertgefühl leiden. Dies kann im Verlauf zu weiteren psychischen Erkrankungen im Erwachsenenalter führen.

Kinder mit ADHS haben häufiger Unfälle und verletzen sich im Alltag öfter als Kinder ohne diese Diagnose. Auch Krankenhausaufenthalte kommen bei Betroffenen statistisch häufiger vor. Dies liegt vor allem daran, dass Kinder und Jugendliche durch ADHS dazu neigen, riskante Situationen zu unterschätzen. Gleichzeitig benötigen sie eine stärkere und häufigere Reizung ihres Belohnungssystems im Gehirn. Sie befinden sich quasi ständig auf der Suche nach dem Kick.

Als Eltern steht man dem oft hilflos gegenüber und fühlt sich überfordert. Deshalb sollte man sich immer Hilfe holen.

Die ADHS-Therapie baut auf drei Säulen auf:

Zunächst werden die Eltern ausführlich aufgeklärt und beraten, damit sie wissen, wie sie den Alltag mit ihrem Kind bestmöglich meistern können.

Zusätzlich finden eine medikamentöse Behandlung sowie eine Psychotherapie statt.

Je nach Ausprägung der Krankheit kann aber auch eine Ergo- oder Verhaltenstherapie zu Erfolgen und einer Linderung der Symptome führen.

Grundsätzlich wird eine ganzheitliche Behandlung angestrebt. Bei dieser werden sowohl die Familie als auch das Umfeld, wie zum Beispiel Schule und Vereine, miteinbezogen. Ein harmonischer Alltag ist also durchaus auch mit einem an ADHS erkrankten Kind möglich, wenn man sich die entsprechenden Hilfen holt und Angebote nutzt. Dies gilt auch für die Hochsensibilität, der sich das nächste Kapitel widmet.

Hochsensibilität: Wenn alles irgendwie doof ist

Wie bereits zuvor erwähnt, können es auch hypersensible Kinder den Eltern in der Erziehung ziemlich schwer machen. Auch hier gilt es, zwischen normaler Sensibilität und krankhafter Hochsensibilität zu unterscheiden. Oft werden hochsensible Kinder missverstanden oder sogar als Heulsuse oder Weichei abgestempelt. Sie werden von der Umwelt als schwierig, weinerlich und kompliziert wahrgenommen und wirken nur wenig belastbar. Nur in einer optimalen Umgebung können sie sich gut und über einen längeren Zeitraum konzentrieren. Das alles liegt daran, dass hochsensible Kinder über ein sehr feines Gespür für Missklänge, psychische und physische Empfindsamkeit sowie ein hohes Maß an Empathie verfügen. Was nach Superkräften klingt, macht ihnen und ihren Eltern oder Lehrern den Alltag ziemlich schwer. Wie also soll man mit ihnen umgehen? Ihre speziellen Bedürfnisse zu befriedigen, ist in der Tat anstrengend und mitunter nervenaufreibend. Selbst alltägliche Dinge, wie die Körperpflege, können zu einer Herausforderung werden, sowohl für das Kind als auch für die Eltern. Manche Kinder mögen beispielsweise kein Wasser auf dem Kopf, andere empfinden warme Wassertemperaturen als unangenehm, und wieder andere haben einfach Angst davor, die Kontrolle zu verlieren. Sehr wichtig ist es, die Kinder ernst zu nehmen und sie nicht leiden zu lassen, indem Sie sie zu bestimmten Dingen zwingen. Mittlerweile beschäftigt sich die Wissenschaft zunehmend mit dem Thema, sodass Hochsensibilität nicht mehr als Spinnerei abgetan wird und auch Ärzte in der Lage sind, diese zu diagnostizieren.

Sie sind sich unsicher, ob Ihr Kind hochsensibel ist? Folgende Verhaltensweisen deuten auf eine bestehende Hochsensibilität hin:

- Ihr Kind empfindet Gefühle sehr intensiv und beschäftigt sich lange mit Dingen, die es bewegen.
- Überall werden Probleme gewittert. Ihr Kind macht sich häufig Sorgen und hat viel Mitgefühl.
- Ihr Kind bezieht Dinge oft auf sich selbst, nimmt sie persönlich und beginnt intensiv darüber zu grübeln.
- Es fällt Ihrem Kind schwer, Entscheidungen zu treffen.
- Ihr Kind macht sich Vorwürfe und ärgert sich im hohen Maße über Fehler.
- Ihr Kind hat eine gute Intuition und ist regelrecht detailverliebt. Kleinste Details und Veränderungen (auch in der Stimmung) werden wahrgenommen.
- Ihr Kind ist sehr lärmempfindlich. Daher sind Geräusche ein großer Stressfaktor.
- Ihr Kind macht lieber Einzelsport als Teamsport.
- Ihr Kind hat eine große Abneigung gegen Gewalt. Es fühlt sich aufgrund seiner ausgeprägten Empathie-

fähigkeit selbst beim Zusehen schlecht. Sogar Filme, die anderen niemals Alpträume bescheren könnten, machen Ihrem Kind Angst.
- Ihr Kind hat womöglich eine ausgeprägte soziale Ader.
- Ihr Kind ist nur selten mit sich zufrieden, da es einen hohen Selbstanspruch hat.

Im Alltag mit hochsensiblen Kindern ist es immens wichtig, ihre Bedürfnisse und Eigenarten gut zu kennen, da es sonst immer wieder zu schwierigen und komplizierten Situationen kommen kann. Ein großes Thema bei hochsensiblen Kindern ist zum Beispiel die Kleidung. Es ist für Außenstehende kaum zu glauben, wie viele unterschiedliche Störfaktoren hier auftreten können: zu kurze oder zu lange Ärmel, die Art des Stoffes, zu enge oder zu weite Kleidung, Nähte, Falten oder sogar Etiketten ... Alle diese Dinge können das Kind unglücklich und unpässlich machen. Ablenkung ist hier oftmals das beste Mittel. Man kann beispielsweise beim Anziehen etwas Spannendes erzählen oder häufig den Raum wechseln, indem die Kleidung an unterschiedlichen Orten aufbewahrt wird. Außerdem sollten hochsensible Kinder beim Kleiderkauf dabei sein, um bereits im Vorfeld ausprobieren zu können, ob aus Sicht des Kindes mit dem neuen Kleidungsstück alles in Ordnung ist.

Auch Janina wusste oft nicht, wie sie es ihrer kleinen Tochter recht machen sollte und berichtet hier von ihrem anstrengenden Alltag mit Töchterchen Emma:

„Was hat sie denn jetzt schon wieder? Das kann doch nicht so schlimm sein! ... Diese Sätze waren bei uns lange an der Tagesordnung. Unsere Tochter Emma ist 6 Jahre alt und laut Diagnose hochsensibel. Die Diagnose haben wir erst seit kurzem. Davor dachten wir, sie sei einfach nur etwas empfindlich,

weinerlich, eine kleine Diva eben. Irgendwann sollte sich das bessern, dachten wir. Als dann die Kindergärtnerin das Thema Hochsensibilität ansprach, fingen wir an, dazu im Internet zu recherchieren und fanden etliche Erfahrungsberichte, die uns stark an unsere Tochter erinnerten. Der Kinderarzt bestätigte uns dann vor wenigen Monaten die Diagnose. Die Diagnose zu haben, änderte vor allem unseren Umgang mit Emma. Nach und nach entstand eine Liste von Situationen, in denen Sorgfalt geboten war. Bereits morgens fingen wir an darauf zu achten, dass der Lärmpegel beim Aufwachen nicht zu hoch war. Wir planten extra Zeit ein, damit kein Stress entsteht und sie sich nicht unter Druck gesetzt fühlen könnte. Vor allem beim Anziehen ließen wir uns Zeit. Nach und nach wurden auch etliche Kleidungsstücke aussortiert. Emma hat ein Problem damit, wenn bei Oberteilen der Kragen so eng ist, dass sie den Kopf hindurchzwängen muss. Bei Hosen mag sie keine Reißverschlüsse und die Noppen von Anti-Rutsch-Socken findet sie auch ganz fürchterlich. Das mag für viele völlig irrelevant erscheinen, für Emma ist es aber extrem wichtig. Beim Essen musste sich hauptsächlich der Papa umgewöhnen und seinen geliebten Camembert vom Frühstückstisch verbannen. Lange wussten wir gar nicht, wieso sie morgens am Tisch regelmäßig in Tränen ausbrach, bis wir dann herausfanden, dass sie den speziellen Geruch des Käses verabscheute. Den Kindergarten haben wir mittlerweile auch gewechselt. Nicht weil er schlecht war, sondern, weil es dort einfach zu viele Kinder gab und das Gewusel für sie immer ein großes Problem darstellte. Im neuen Kindergarten, mit deutlich weniger Gruppen und Kindern, ist sie nun recht zufrieden. Ich hoffe, dass es so bleibt und bin gespannt, wie es weitergeht, wenn im nächsten Jahr die Schule, mit vielen neuen Eindrücken für Emma, beginnt."

Janina, 32 über Emma, 6

Nun haben Sie einen kleinen Überblick über Phasen und Krankheiten erhalten, welche die Erziehung von Kindern erschweren können. Doch es gibt auch außerhalb davon Kinder, die als schwer erziehbar gelten, ohne, dass ein spezifischer Grund dafür vorliegt. Diese Kinder verfügen über ein besonders großes Temperament. Dies kann sowohl positiv als auch negativ sein. Im ersten Moment ist es für viele Eltern aber vor allem eines: anstrengend.

Kapitel 3:
Wie unterscheidet sich mein temperamentvolles Kind von anderen?

Auch wenn man sich und seine Kinder ungern in Schubladen steckt, so gibt es doch einige Eigenschaften, die für bestimmte Typen charakteristisch sind, und bestimmte Charaktere, denen man sein Kind zuordnen kann.

Die Persönlichkeit eines Menschen ist zum Großteil angeboren und zeigt sich bereits im Kindergartenalter sehr deutlich. Die Erziehung hat dabei einen verhältnismäßig geringen Anteil. Die Grundpersönlichkeit behält man sein ganzes Leben lang, auch wenn es bestimmte Umstände gibt, die das Wesen verändern können. Wenn Eltern glauben, sie könnten die Persönlichkeit ihres Kindes verändern, irren sie sich. Das Einzige, das man als Eltern in diesem Bereich tun kann, ist ein Vorbild zu sein, Werte zu gestalten und zu vermitteln und die Kinder auf ihrem eigenen Weg zu unterstützen. Erziehung im klassischen Sinn macht indes nur einen verschwindend geringen Teil der Charakterbildung aus. Ich selbst hatte bereits während meiner drei Schwangerschaften ein Gefühl dafür, welche Art von Mensch da gerade in mir heranwächst. Und tatsächlich lag ich im Allgemeinen richtig.

Leider gibt es kein grundsätzliches Erfolgsrezept, wie man mit den unterschiedlichen Charaktertypen umgehen soll. Das Wichtigste ist, das Kind so zu nehmen, wie es ist, und es entsprechend seines Typs zu behandeln.

Welchem Persönlichkeitstyp entspricht mein Kind?

Im Folgenden sind die häufigsten Persönlichkeitstypen bei Kindern beschrieben. Erkennen Sie Ihr Kind?

Die „rosa Prinzessin" liebt alles was rosafarben ist und funkelt. Sie hasst Dreck und möchte natürlich auch gerne royal behandelt werden. Hosen oder andere „Jungssachen" sind ihr zuwider. Unter Umständen können diese Kinder gewisse Starallüren entwickeln, die man versuchen sollte, ein wenig zu bremsen. All diese Charaktereigenschaften treten natürlich auch bei Jungs auf. Wenn Ihr Sohn gerne etwas Glitzerndes oder Rosafarbenes anziehen möchte oder sich als herrischer Ritter präsentiert, dem das Essen auf Goldtellern serviert werden sollte, sollten Sie ihm dieses Spiel nicht verbieten (auch wenn die Teller vielleicht nur mit Alufolie zum Funkeln gebracht werden können), da es einfach ein Teil seiner ganz individuellen Entwicklung ist. Gerade in jungen Jahren ist für viele Jungen die Mutter ein Vorbild und Nachahmung ist etwas ganz Natürliches.

Ein kleiner „Wildfang" ist immer ganz vorne mit dabei. Diese Kinder haben eine enorme Energie, schlafen vergleichsweise wenig und sind lauter als andere. Sie sind aufgeschlossen gegenüber Fremden, müssen allerdings auch lernen, dass es hier und da Grenzen gibt, die man einhalten sollte. Wenn ein kleiner Wildfang nicht genug Bewegung und Beschäftigung bekommt, kann das Temperament schnell zum Problem werden und Konflikte mit den Erziehungsberechtigten auslösen.

Die „Draufgänger" sind den Wildfängen auf den ersten Blick recht ähnlich. Doch auf den zweiten Blick erkennt man, dass sie zusätzlich auch recht schnell ausrasten können und zur Selbstüberschätzung neigen. Hier sollte man immer klare

Ansagen machen, Grenzen setzen und ihnen Auswege aus dem teilweise aggressiven Verhalten aufzeigen.

„Anführer" besitzen scheinbar eine angeborene Autorität, die sie in Gruppen schnell in die Führerrolle stellt und andere dazu bringt, ihnen zu folgen. Dadurch sind sie es gewohnt, im Mittelpunkt zu stehen und können Konkurrenz oftmals schwer ertragen. Sollten sie dazu neigen ihre „Macht" gegen andere auszuspielen, sollte man ihnen vermitteln, wie man mit Bedacht in einer Situation handelt.

„Schüchterne" Kinder verstecken sich am liebsten hinter ihren Eltern und tun sich mit fremden Personen oder Situationen schwer. Sie versuchen wenig aufzufallen und zeigen mitunter wenig Interesse für Neues. Eltern von schüchternen Kindern sollten versuchen, sie in ihrem Selbstbewusstsein zu bestärken und die Schüchternheit keinesfalls zum Thema zu machen, da dies die Situation oft noch verschlimmert.

„Besserwisser" sind offenbar bereits ein wenig altklug auf die Welt gekommen. Sie interessieren sich stark für ernsthafte Dinge, beschäftigen sich lange mit einem Thema und wundern sich nicht selten darüber, dass andere Kinder lieber draußen herumtoben oder mit Autos spielen. Doch gute Konzentration, die Neugierde und das ruhige Temperament sind sicherlich positive Aspekte. Leider gehören solche Kinder nicht gerade zu den beliebtesten unter den Gleichaltrigen und man sollte aufpassen, dass sie nicht zu Einzelgängern werden. Es wäre sinnvoll, sie immer wieder auch zu anderen Aktivitäten, besonders an der frischen Luft und mit anderen Kindern, zu ermutigen.

Sehr beliebt sind die „Vermittler". Sie verfügen über eine hohe soziale Intelligenz und streben in einer Gruppe stets Harmonie an. Auch wenn sie sich in den meisten Situationen gut anpassen können, verlieren sie sich hin und wieder selbst aus den Augen. Hier sollte man als Eltern unterstützend eingreifen, damit sie lernen, auch mal auf sich selbst zu achten.

„Seelchen" sind sehr empfindlich und suchen noch mehr den Schutz der Eltern als schüchterne Kinder. Diesen Kindern fehlt es an Selbstvertrauen und sie sind sehr sensibel, wodurch sie viele Dinge auf sich beziehen. Im richtigen Umfeld kann diese vermeintliche Schwäche jedoch auch zur Stärke werden. Mit viel Verständnis und Mut machen, werden aus diesen Kindern einfühlsame Menschen, die oft gut mit anderen klarkommen. Dennoch sollte man das Verhalten hinterfragen, da es auch Probleme geben kann, mit denen die Kinder alleine kämpfen (z. B. Trennung, Tod eines Angehörigen).

All diese verschiedenen Charaktere können es den Eltern in gewissen Situationen schwer machen. Vor allem die Wildfänge und Draufgänger gelten aufgrund ihres großen Temperaments, als schwierig zu erziehende Kinder. Sie sind extrem willensstark, testen ständig ihre Grenzen aus und machen nur selten das, was man ihnen sagt. Während andere Kinder längst „ja, gut" sagen, hinterfragen sie alles mehrmals, bevor sie sich dann eventuell doch fügen. Nadine ist Mutter eines kleinen Wildfangs und obwohl es nicht immer leicht ist, blickt sie optimistisch in die Zukunft:

„Mein Sohn Leon ist fast zwei Jahre alt und man könnte ihn als echten Wildfang bezeichnen. Zunächst dachte ich, er sei einfach nur sehr lebendig und lebensfroh, was ja sehr schön ist. Nun bekomme ich leider seit kurzem, seit er in die Krippe geht, wiederholt von den Erzieherinnen zu hören, dass er seinen Willen immer sehr stark durchsetzen will und sogar aggressiv wird, wenn er ihn dann nicht bekommt. Zum Beispiel hat er

jetzt schon mehrmals andere Kinder gehauen, wenn sie ihm ein bestimmtes Spielzeug nicht geben wollten. Langsam fühle ich mich deswegen echt schlecht. Die Erzieher machen mir ein schlechtes Gewissen und haben sogar vorgeschlagen, mir eine Erziehungshilfe zu suchen. Ich persönlich finde meinen Sohn klasse, so wie er ist. Nur weil er etwas wilder ist, muss es doch nicht schlecht sein, oder? Außerdem denke ich, dass er, wenn er älter ist, durchaus Fähigkeiten erlangen wird, um seinen Willen auf diplomatischeren Wegen durchzusetzen. Er ist doch erst zwei ..."

Nadine, 32 über Leon, 2

Katharinas Tochter gehört definitiv zur Kategorie „Besserwisser" und das ist der Mama immer wieder unangenehm und peinlich:

„Es ist mir sehr unangenehm, aber ich merke immer häufiger, dass mir meine achtjährige Tochter peinlich ist. Natürlich ist sie ein tolles, liebes Mädchen, aber sie hat die Eigenschaft entwickelt, immer alles besser zu wissen und überall ihren Senf dazu zu geben. In der Familie wurde sie hinter vorgehaltener Hand sogar schon des Öfteren als kleine Klugscheißerin bezeichnet. Das nervt und ist vor allem in der Öffentlichkeit sehr unangenehm. Aber auch für sie hat das Konsequenzen. Auch andere Kinder empfinden ihren Drang, immer bestimmen zu wollen, ziemlich blöd und wollen nicht mit ihr befreundet sein. Natürlich hätte sie gerne Freunde, aber sie sieht den Fehler einfach nicht bei sich. Ihre Lehrer sind mittlerweile auch total genervt von ihrer vorlauten Art und haben mich bereits mehrfach darauf angesprochen. Einen Tipp, wie ich das ändern könnte, hatten sie aber auch nicht. Langsam mache ich mir wirklich Sorgen, da sie sich zwangsläufig auch immer mehr isoliert. Statt draußen zu spielen oder sich mit anderen Kindern zu treffen, hockt sie meistens in ihrem Zimmer. Am liebs-

ten würde ich ihr all ihre geliebten Bücher wegnehmen, damit sie gezwungen ist, sich auch mal mit den essentiellen Dingen im Leben zu beschäftigen. Aber selbst da würde sie vermutlich wieder alles besser wissen als ich..."

Katharina, 34 über Melissa, 8

Umgang mit temperamentvollen Kindern

Um zu verstehen, wie man mit temperamentvollen Kindern am besten umgeht, muss man zunächst wissen, wie sie ticken. Denn nur, wer solch ein scheinbar irrationales Verhalten versteht, kann auch richtig reagieren und die eigentlichen Bedürfnisse der Kinder verstehen und erfüllen.

Temperamentvolle Kinder kennen und beachten ihre Bedürfnisse in der Regel ganz genau und erwarten dies auch von uns.

Ihre persönlichen Grenzen sind ihnen sehr wichtig und sie lassen sich von niemandem manipulieren. Versuche in diese Richtung sorgen eher dafür, dass sie sich weiter von uns entfernen.

Seien Sie daher vorsichtig mit Körperkontakt. Klar, jedes Kind möchte einmal in den Arm genommen werden. Temperamentvolle Kinder mögen jedoch nur Körperkontakt, der von ihnen ausgeht oder von ihnen direkt eingefordert wird. Eine aufgezwungene Umarmung wird als Einschränkung empfunden.

Temperamentvolle Kinder sind clever. Wenn erwachsenes Verhalten nicht authentisch und nicht frei von pädagogischer Manipulation ist, weichen sie zurück und verschließen sich.

Ein „Ja" bekommt man von einem temperamentvollen Kind nur dann, wenn es auch tatsächlich selbst die Wahl hat. Mit Suggestivfragen läuft man bei ihnen gegen eine Wand.

Ihr Verhalten erscheint nicht selten, wie das eines Erwachsenen, mit einem sehr ausgeprägten Selbstbild. Das temperamentvolle Kind ist zudem stets darauf bedacht, seine Würde und Integrität zu wahren.

All diese Facetten können von Erwachsenen im Alltag leicht missverstanden werden, wodurch es schnell zu Konflikten kommen kann. Viele davon lassen sich vermeiden, wenn man das Kind besser versteht und sich in es hineinversetzt.

Die verschiedenen Merkmale äußern sich selbstverständlich nicht bei jedem Kind gleich. Bei manchen tritt das Temperament beispielsweise nur zu Hause im Umfeld der Familie auf und bei anderen auch außerhalb. Auch das Alter spielt eine Rolle dabei, wie sich das Temperament äußert.

Temperamentvolle Babys sind zum Beispiel häufiger wach als andere, neugierig und aktiv. Sie sind eher anhänglich, dabei aber nur wenig kuschelbedürftig. Oft haben sie schon direkt nach der Geburt einen sehr reifen Gesichtsausdruck. Sie möchten nicht, dass man ihnen etwas aufzwingt oder vorsetzt, sondern wollen schon früh selbst entscheiden, was und wann gegessen oder getan wird.

Dank der stark ausgeprägten Integrität temperamentvoller Kinder, lassen sie sich weder bedrohen noch bestechen. Diese Willensstärke ist eine gute Eigenschaft, die Eltern jedoch viel Kraft und Verständnis abverlangt. Sie kann auch dazu führen, dass die Kinder einsam werden, wenn sie mit ihrem Willen oder ihrer Meinung zu oft allein gelassen werden oder sie sich missverstanden fühlen.

Grundsätzlich kommen temperamentvolle Kinder jedoch sehr gut im Kindergarten und in der Schule sowie im Umgang mit anderen Kindern zurecht. Erst wenn sie merken, dass Pädagogen, Lehrer oder die Eltern nicht authentisch sind, kann es zu einem wahren Kräftemessen kommen.

Mit Strafen ist man bei temperamentvollen, genau wie eigentlich bei allen Kindern, fehl am Platze. Konfliktpunkte sollten am besten schon im Ansatz vermieden werden. Dies zu schaffen, ist vor allem auch ein Lernprozess der Eltern und das kann man seinem Kind auch genau so sagen: „Ich möchte Harmonie haben und deshalb bin ich dabei, genau wie du auch, zu lernen, wie ich mich verhalten muss, damit es dir gut geht." Solch eine Aussage nimmt beiden Seiten den Druck.

Auch temperamentvolle Kinder nehmen Hilfe an. Diese Hilfe sollte aber stets unaufdringlich und frei von Erklärungs-, Motivations- und Manipulationsversuchen sein. Wenn Kinder merken, dass die Eltern ihre Eigenarten voll und ganz akzeptieren, lassen sie es zu, dass man sich um sie kümmert und sie umsorgt.

Wenn temperamentvolle Kinder zu aggressivem Verhalten neigen, muss man immer eingreifen. Vor allem auch dann, wenn es Geschwister gibt, die darunter leiden. Das Verhalten ignorieren, bis sich das Kind beruhigt hat, funktioniert hierbei nicht. Bei sehr impulsiven Kindern kann eine Auszeit Wirkung zeigen. Man nimmt sie aus der Situation heraus und lenkt sie mit etwas anderem ab. Ältere Kinder können auch auf ihr Zimmer geschickt werden, allerdings sollte man hier immer ein Auge darauf haben, dass sie sich in ihrer Wut nicht selbst verletzen. Ansonsten können sie dort toben und schreien, bis sie wieder ruhiger werden. Bei jüngeren Kindern kann es schon ausreichen, sie in Sichtweite auf einen Stuhl oder in eine ruhige Ecke zu setzen. Solche Auszeiten sollten in der Regel etwa so viele Minuten dauern, wie das Kind alt ist. Danach kann man auf das Kind zugehen und fragen, ob wieder alles in Ordnung ist. Falls das Kind dies verneint, wiederholt man das Prozedere ein paar Minuten später. Auf diese Weise entscheidet das Kind selbst, wann die Auszeit endet und es zurück zur Normalität geht. Wichtig ist es, im Vorfeld bereits Regeln festgelegt zu haben, wann es eine Auszeit gibt. Nach einer Auszeit sollte nicht gemeckert oder geschimpft werden, sondern das Kind unvoreingenommen und mit offenen Armen empfangen werden. Seien Sie also nie nachtragend! Wenn das Kind nach der Auszeit ein positives Verhalten zeigt, können Sie es loben, um so das positive Verhalten zu bestärken, egal was vorher war. Regeln aufzustellen, ist jedoch nur eine Seite der Medaille. Vergessen Sie nie, auch auf das Gute zu achten, denn kaum etwas bringt mehr, als sein Kind im guten Verhalten zu bestärken. Ohne dieses positive Feedback der Eltern und der Sicherheit, mit all seinen Fehlern und Schwächen geliebt zu werden, funktionieren Regeln ohnehin nicht besonders gut. Dies sollten Sie sich immer wieder vor Augen führen, besonders in schwierigen Situationen, in denen sich Ihr Kind unmöglich benimmt und in Ihnen die Wut hochsteigt.

Leider ist es so, dass im Alltag mit temperamentvollen Kindern das Positive oft übersehen wird. Während ein Fehlverhalten direkt wahrgenommen wird, fällt es Ihnen nicht auf, wenn das Kind einmal einfach nur brav spielt. Und wenn Sie es bemerken, wird es dann oft einfach als selbstverständlich hingenommen. Für das Kind stellt sich die Situation dann so dar, dass es von den Eltern nur dann beachtet wird, wenn es über die Stränge schlägt. So kann es sein, dass es beginnt, sich bewusst falsch zu verhalten, um mehr Aufmerksamkeit von den Eltern zu bekommen. Diesen Teufelskreis gilt es zu durchbrechen, indem Sie sich öfters für das friedliche Spielen begeistern und vielleicht sogar mitmachen.

Zusammengefasst gibt es im Umgang mit temperamentvollen Kindern folgende Punkte zu beachten:

- Seien Sie authentisch und reden Sie auch so. Benutzen Sie die „Ich-Form", anstelle von allgemeinen Formulierungen. Klare Ansagen, ohne viel Drumherum, sind das Wichtigste.
- Erwarten Sie nicht gleich eine Reaktion Ihres Kindes, sondern geben Sie ihm auch Zeit, um über Ihre Aussagen nachzudenken.
- Ihr Kind wird fadenscheinige Aussagen von Ihnen schnell durchschauen. Auch wenn es noch jung ist, wird es mit der Wahrheit zurechtkommen und es zu schätzen wissen, wenn Sie ehrlich und offen mit ihm reden.
- Fragen Sie Ihr Kind ohne Umschweife gezielt nach seinen Bedürfnissen. Auch wenn Sie ratlos sind, wird es selbst ganz genau wissen, was es will und es Ihnen auch gerne mitteilen.
- Bieten Sie Ihrem Kind, wann immer es geht, Wahlmöglichkeiten an. Hinterfragen Sie auch einmal Ihre eingeprägten Muster und weichen Sie davon ab. Sehen Sie die Welt aus den Augen Ihres Kindes.

Grundhaltungen, die Sie im Umgang mit temperamentvollen Kindern verinnerlichen sollten, sind:

- Das Schlimmste im Umgang mit einem sehr temperamentvollen Kind sind Missverständnisse und Denkfehler der Eltern.
- Das Bedürfnis des Kindes nach Autonomie ist kein Fehler und sollte daher nicht aberzogen, sondern erfüllt werden.

- Das Verhalten, so schlimm es auch erscheinen mag, darf niemals persönlich genommen werden. Es ist das Resultat des Bedürfnisses des Kindes nach Autonomie und Unabhängigkeit.
- Natürlich braucht Ihr Kind Sie. Auch wenn es denkt, dass es etwas alleine kann, ist dies bei Weitem nicht immer der Fall. Achten Sie darauf, dass Sie ihm immer nur in Form von Angeboten helfen, bei denen es selbst entscheiden kann. Alles andere wird als Angriff auf die Eigenständigkeit empfunden.
- Machtkämpfe sind häufig der Beginn einer Abwärtsspirale, die die ganze Familie betrifft, und sollten ebenfalls vermieden werden.
- Nehmen Sie Ihr Kind in seinem Wesen an und versuchen Sie nicht, es zu ändern.

Warum willensstarke und temperamentvolle Kinder auch einfach wunderbar sind

Natürlich ist es für Eltern von besonders temperamentvollen und willensstarken Kindern im Alltag oft schwierig. Allerdings wäre das Leben ohne sie auch ziemlich langweilig. Es ist doch nun mal so, dass uns Herausforderungen grundsätzlich gut tun, und wenn wir am Ende eines langen Kampfes belohnt werden, ist das ein verdammt gutes Gefühl.

Vor allem in der heutigen Welt ist es gar nicht schlecht, willensstark zu sein und genügend Durchsetzungsvermögen zu besitzen. Wer seinen Willen, seine Wünsche und Ziele umsetzen kann, führt in der Regel ein glückliches Leben. Natürlich kann man sich nicht alle Wünsche erfüllen. Hier liegt es dann an den Eltern, den Frust darüber aufzufangen und das Kind darin zu bestärken, weiter nach vorne zu blicken.

Auch die Psychologie hat sich ausgiebig mit temperamentvollen Kindern beschäftigt und das Resümee klingt durchaus positiv. Verschiedene Studien haben belegt, dass diese Kinder ihre Eltern zwar zunächst häufig in den Wahnsinn treiben, dafür aber später als Erwachsene erfolgreicher sind als der Durchschnitt. Ihre Sturheit mündet nicht selten im beruflichen Erfolg und die Welt liegt ihnen, mehr oder weniger, zu Füßen. Sturheit scheint tatsächlich ein Indikator für Erfolg zu sein. Klingt eigentlich logisch, denn nur wer hartnäckig seine Ziele verfolgt und sich nicht davon abbringen lässt, kann es am Ende tatsächlich schaffen. Bereits während der Schulzeit sind temperamentvolle Kinder wettbewerbsorientierter und erkämpfen sich auf diese Weise bessere Noten als die anderen. Ihre Ansprüche sind generell hoch. Dank ihrer Hartnäckigkeit holen sie später in Gehaltsverhandlungen mehr heraus und sind stets bereit, für mehr Erfolg zu kämpfen. Hierbei besteht allerdings immer die Gefahr, dass sie ihre finanziellen Interessen über die sozialen stellen und auf diese Weise Freunde und Kollegen verärgern. Auch unethisches Verhalten kann auf dem Weg zu ihrem Ziel zum Einsatz kommen. Hier spielt dann teilweise tatsächlich die Erziehung im Elternhaus eine Rolle, und auch die Werte, die vorgelebt wurden.

Temperamentvolle Kinder haben außerdem weniger Probleme, soziale Kontakte zu knüpfen. Sie sind selten schüchtern, fallen auf und gehen auf andere Menschen zu. Dies sagt selbstverständlich nichts über die Qualität der Freundschaften und Bekanntschaften aus, was ganz individuell betrachtet werden muss. In Partnerschaften kommt es immer auf den Gegenpart an. Wenn zwei temperamentvolle Charaktere aufeinandertreffen, kann es durchaus knallen, wenn die Meinungen auseinandergehen. Voraussetzung für eine funktionierende Beziehung ist, dass der temperamentvolle Part gelernt hat, Kompromisse einzugehen und seine eigenen Interessen auch mal für den anderen zurückzustellen. Dafür wird es in Beziehungen mit temperamentvollen Partnern auf jeden Fall nicht so schnell langweilig und sie haben immer viel Energie für gemeinsame Unternehmungen!

Kapitel 4:
Umgang mit temperamentvollen Kindern in typischen Stresssituationen

Sie lieben Ihr Kind in all seinen Facetten. Zuzugeben, dass es Ihnen dennoch unangenehm ist, wenn es in der Öffentlichkeit ausrastet oder sich Ihnen gegenüber daneben benimmt, ist sicherlich nicht leicht. Und tatsächlich wird man in der heutigen Gesellschaft ziemlich oft schräg angeschaut, wenn ein Verhalten nicht der Norm entspricht. Dann versucht man, sich zu erklären, sucht nach Entschuldigungen, oder flüchtet einfach möglichst schnell und unauffällig aus der Situation. Das ist eine vor allem menschliche Reaktion und sehr vielen Eltern geht es ähnlich. Dennoch muss man dieses Verhalten hinterfragen, denn es gibt deutlich bessere Wege, den Alltag mit einem temperamentvollen Kind zu bewältigen.

Stressige Situationen in der Öffentlichkeit meistern und Ihrem Erziehungsstil treu bleiben? Das geht!

Zwar haben Sie ständig das Gefühl, vorwurfsvolle Blicke von anderen zu kassieren, wenn sich Ihr Kind daneben benimmt, allerdings sollte Sie dies nicht aus der Ruhe bringen oder an ihrem Erziehungsstil zweifeln lassen. Vor allem kinderlose Menschen scheinen zu denken, dass Kinder stets funktionieren müssen. Vernichtende Blicke und kritische Sprüche können einem da als Mutter eines schreienden oder trotzenden Kindes ziemlich zusetzen. Allerdings sind diese Blicke oft nur unsere Interpretation und der Blickende hat damit gar keine bösen Absichten. Natürlich schaut man hin, wenn man ein lautes Brüllen vernimmt. Das muss aber gar nichts bedeuten. Wenn tatsächlich blöde Sprüche kommen, sollte man locker bleiben und entweder frech kontern oder sie ignorieren.

Ich möchte Ihnen nun anhand von Beispielen zeigen, wie man schwierige Situationen mit einem temperamentvollen Kind in der Öffentlichkeit am besten meistert:

Beispielsfall 1: Spannungen zwischen Geschwistern

Ein Klassiker, der zum Familienleben dazugehört: Streitereien unter den Kindern. Ganz unterbinden sollte man sie nicht, da streiten ein wichtiges Mittel zum Erlernen von Sozialverhalten ist. Bei meinen Jungs beginnt es bereits morgens, wenn diskutiert wird, wer auf der Treppe vorne gehen darf. Im weiteren Verlauf des Tages geht es dann hauptsächlich um meine Aufmerksamkeit, wer auf dem Sofa neben mir sitzen darf oder ob wir uns mit Dinosauriern oder Fahrzeugen beschäftigen. Auch Teilen ist ein Thema, bei dem es regelmäßig zum Streit zwischen den beiden kommt. Vieles spielt sich zu Hause ab. Allerdings gibt es auch Geschwister, die ihre Streitereien gerne in der Öffentlichkeit inszenieren. Dies tun sie, um die Eltern mit hineinzuziehen und sie unter den Augen der Öffentlichkeit zu einer Stellungnahme zu zwingen. Das einzige Mittel, das bei Streitereien zwischen Geschwistern hilft, ist eine gerechte Verteilung der Aufmerksamkeit. Man sollte darauf verzichten, die Kinder miteinander zu vergleichen und ihnen die Konfliktlösung, soweit möglich, selbst überlassen. Wenn das nicht klappt, sollte man versuchen,

Distanz zu schaffen und die Kinder räumlich zu trennen, bis die Situation sich beruhigt hat. In der U-Bahn kann man sich einfach zwischen sie setzen, im Supermarkt könnte man den Kindern unterschiedliche Aufgaben übertragen. Auf petzen und anderes diffamieren sollte man am besten gar nicht reagieren.

Beispielsfall 2: Toben im Restaurant

Mit temperamentvollen Kindern kann ein Restaurantbesuch schnell sehr anstrengend werden. Denn für Kinder ist solch eine Situation, anders als für uns Erwachsene, kein Genuss, sondern eine eher langweilige Angelegenheit. Dementsprechend bleibt der Nachwuchs nicht lange am Tisch sitzen und flitzt stattdessen durch die gesamte Lokalität. Grundsätzlich ist bei allen kleinen Kindern der Bewegungsdrang noch so groß, dass ihnen längeres Stillsitzen beim Essen und Trinken schwerfällt. Bei temperamentvollen Kindern ist der Effekt noch stärker. Der beste Tipp ist, einfach eine Weile auf ausgedehnte gemeinsame Restaurantbesuche zu verzichten, bis die Kinder ein wenig älter sind. Wenn es sich nicht vermeiden lässt, beispielsweise während einer Reise, suchen Sie gezielt nach familienfreundlichen Restaurants. Viele verfügen über eine Spielecke, in der sich die kleinen Gäste vergnügen können. Natürlich kann man auch jederzeit einen Babysitter engagieren, um mit dem Partner oder Freunden auch mal ohne Kinder ausgedehnt im Lieblingsrestaurant leckere Schlemmereien genießen zu können.

Beispielsfall 3: Schimpfwörter und Co.

Es ist unglaublich, wie schnell Kinder im Kindergarten oder in der Schule ihr Repertoire an Schimpfwörtern erweitern. Gerne werden sie in den unpassendsten Situationen laut und fröhlich hinausposaunt. Dies kann mitunter extrem peinlich sein und uns in Erklärungsnot bringen. Die Kinder verstehen die Tragweite des Gesagten oft noch nicht und wollen unsere Reaktion auf solche Ausdrücke testen. Das Beste, das man in solchen Situationen machen kann, ist, gelassen zu bleiben, dem Kind jedoch klar und deutlich zu sagen, dass diese Worte verletzend sind und es sie nicht mehr benutzen soll.

Beispielsfall 4: „Mama, Arm!"

Auch wenn ein Kind schon gut und sicher laufen kann, verlangt es immer wieder, getragen zu werden. Dies kann beim Spaziergang, aber auch beim Einkaufen oder zu Hause vorkommen. Und wehe man weigert sich, dann kommt es zum lautstarken Protest. „Mein jüngster Sohn ist zweieinhalb Jahre alt und konnte bereits mit 9 Monaten laufen. Mittlerweile ist er total sicher und nutzt jede Gelegenheit zum Laufen und Rennen. Mitunter ist er sogar schneller als sein großer Bruder. Trotzdem kommt es häufig vor, dass er während eines Spaziergangs zu mir auf den Arm will. Wenn ich es ihm, auch aufgrund meiner aktuellen Schwangerschaft, verweigern muss, dreht er regelmäßig am Rad. Er lässt sich dann auf die Knie fallen, legt sich auf den Bürgersteig und bewegt sich keinen Zentimeter mehr weiter. Auf Annäherungsversuche reagiert er dann mit Geschrei und um sich schlagen. Es kam in letzter Zeit oft vor, dass ich dann tatsächlich meinen Mann angerufen habe, der ihn dann mit dem Auto eingesammelt hat, weil wir einfach nicht weiterkamen und ich ihn ja aus gesundheitlichen Gründen auch nicht mal eben hätte tragen können."

Grundsätzlich gibt es in solchen Situationen unterschiedliche Strategien. Viele Eltern setzen auf die harte Linie. Das bedeutet: nicht nachgeben, nicht diskutieren. Dies sollte aber nur das letzte Mittel sein. Besser ist es, dem Kind Alternativen zum „einfach nur Laufen" anzubieten, wie zum Beispiel ein Kinderfahrzeug oder auch ein Buggy mit einer Puppe oder einem Kuscheltier. Selbstverständlich gibt es aber auch Situationen, in denen es in Ordnung ist, das Kind, welches eigentlich schon mobil ist, doch mal zu tragen, zum Beispiel wenn es müde ist, Trost benötigt oder der Weg sehr weit ist.

Beispielsfall 5: Wenn Bus- und Bahnfahrten zur Herausforderung werden

Lange Fahrten mit dem Bus oder dem Zug sind anstrengend und verlaufen selten ohne quengeln. Das Problem ist, dass kleine Kinder noch kein ausgeprägtes Zeitgefühl haben und der Lärm und die vielen Menschen um sie herum beängstigend sein können. Hier ist Ablenkung das Mittel der Wahl. Am besten haben Sie immer eine Auswahl an Büchern, Hörbüchern und Malsachen dabei. Simone hat mit Jonas einen riesigen Zugfan zum Sohn. Trotzdem ist sie bei Bahnfahrten mit dem kleinen Mann nicht vor Quengeleien gefeit:

„Mein fünfjähriger Sohn Jonas liebt Züge über alles. Hin und wieder fahren wir deshalb, statt mit dem Auto. mit dem Zug. Die Freude ist da natürlich groß, aber leider ist der Stress auch vorprogrammiert. Es beginnt schon am Bahnhof, wenn er nicht derjenige ist, der den Türöffner betätigen kann. Dann bockt er rum und ist sauer. Im Zug findet er es dann natürlich auch spannend. Allerdings so sehr, dass er nicht auf seinem Platz sitzen bleibt, sondern stattdessen durch den ganzen Zug laufen will, um sich alles anzusehen. Genervte Blicke von anderen Zugreisenden sind dann keine Seltenheit. Wenn ich ihn dann bitte, sich lieber hinzusetzen, hält er das nicht lange aus und zappelt ohne Unterlass, bis ich ihn dann wieder laufen

lasse. Das Highlight unserer gesamten Zugfahrten war, als er einmal an einem Zwischenstopp einfach ausgestiegen ist, weil er sich den Zug von außen ansehen wollte. Erst im letzten Moment bevor der Zug weiterfuhr, habe ich es gemerkt und konnte ihn zum Glück noch reinholen. Seitdem habe ich immer etwas dabei, mit dem er sich beschäftigen kann, damit er vor Langeweile nicht durch den ganzen Zug tollt."

Simone, 40 über Jonas, 5

Beispielsfall 6: Stress im Supermarkt

Zum Schluss der Klassiker: Das Kleinkind wirft sich vor dem Süßigkeitenregal im Supermarkt schreiend auf den Boden, weil es etwas haben möchte, das die Mutter aber nicht kaufen will. Bestenfalls ist der Laden gerade voll mit anderen Kunden, die dem Schauspiel mit amüsierten bis genervten Blicken beiwohnen. Trotz des infernalischen Gebrülls sollte die vermutlich extrem gestresste Mutter (oder auch der Vater) nicht nachgeben. Denn so lernt das Kind, dass ein „Nein" am Ende doch zum „Ja" werden kann, wenn man nur lange genug brüllt. Auch wenn es schwerfällt, sollte man gelassen und vor allem konsequent bleiben. Nur so lassen sich solche Ausbrüche künftig reduzieren.

Auffällig in all den beschriebenen Situationen ist, dass sich die Kinder vor den Augen anderer Erwachsener danebenbenehmen. Dies macht es den Eltern umso schwerer, ruhig und gelassen zu bleiben, da die Situationen ihnen oft peinlich sind und sie befürchten, die anderen würden ein schlechtes Bild von ihnen in ihrer Funktion als Eltern erhalten. Kinder verfolgen diese Strategie oft gezielt, um den Eltern Entscheidungen abzuringen, die sie zu Hause nicht getroffen hätten. Daher gilt es, auch unter den Blicken anderer Menschen niemals einzuknicken. Nach Möglichkeit sollte man gar nicht reagieren und das Thema, um das es geht, auf später in die heimischen Wände vertagen. Auch wenn es lästig ist, das Kind in der Öffentlichkeit in seinem Zorn zu ertragen, zahlt es sich langfristig aus.

Anders sieht es aus, wenn Gefahr in Verzug ist. Wenn Kinder in einem Laden mit gefährlichen Dingen hantieren, auf der Rolltreppe toben oder ihre Finger in gefährliche Ritze am Kassenband stecken, sollten Sie immer mit klaren Ansagen und Verboten handeln- am besten auch mit Nachdruck und lauter Stimme! In solchen Fällen gilt es, das Kind zu schützen, ganz egal wie es in der Umgebung ankommt, und auch dann, wenn das Kind dadurch wütend und laut wird.

Sonderkapitel: Von null auf hundert: Anspruchsvolle Babys

In der Vorstellung sind Babys für die meisten Menschen einfach nur süß, lieb und zum Knuddeln. Natürlich weinen sie ab und an, aber auch nur, weil sie noch nicht anders kommunizieren können und ein Bedürfnis haben. Sobald dies gestillt ist, zum Beispiel durchfüttern oder kuscheln, wird das Baby in der Idealvorstellung wieder zum kleinen Engel.

Doch dies ist leider nur der Idealfall. In der Regel gibt es bereits ab der Geburt sowohl pflegeleichte als auch anstrengende, temperamentvollere Kinder.

Die Wissenschaft hat für besonders anspruchsvolle Babys sogar einen Namen: „High Need Baby". Natürlich kann man nicht jedes Kind, das die Nerven der frischgebackenen Eltern

„Bist du noch zu retten?"

strapaziert, dieser Kategorie zuordnen. Die Forscher haben darum einige Kriterien aufgestellt, mit denen man herausfinden kann, ob das eigene Baby ein High Need Baby, also ein besonders anspruchsvolles Baby, ist oder nicht. Vermutlich wird das ein oder andere Kriterium bei jedem Baby hin und wieder zutreffen. Schließlich haben auch Erwachsene gute und schlechte Tage. Die Kriterien können aber einen Hinweis darauf geben, ob das Baby generell anspruchsvoller ist als andere.

Kriterium 1: Bei High Need Babys ist alles irgendwie intensiver. Dies stellen häufig bereits die Kinderkrankenschwestern oder Hebammen direkt nach der Geburt fest. Das Baby schreit lauter und fordernder und lässt sich nur schwer, teilweise auch nur durch die Mutter, beruhigen. Da diese Kinder ihre Gefühle offenbar intensiver erleben, reagieren sie automatisch auch intensiver. Auch im Kleinkindalter setzt sich dieser Trend fort. Die Kinder halten ihre Eltern ständig auf Trab und nichts scheint vor ihnen sicher.

Kriterium 2: Das Baby wirkt bereits sehr früh hyperaktiv. Sowohl Muskeln als auch Verstand scheinen niemals zu ruhen. Sie sind immer auf dem Sprung und hassen es, gewickelt oder angezogen zu werden, vermutlich, weil sie hierbei stillhalten müssen. Oft hilft es solchen Babys, wenn sie gepuckt oder eng am Körper getragen werden. Diese Hyperaktivität ist keinesfalls gleichzustellen mit der Diagnose ADHS, zu der noch einige Symptome mehr gehören.

Kriterium 3: High Need Babys könnte man auch als kleine Vampire bezeichnen, denn sie entziehen ihren Eltern oft sämtliche Energie. Sie wollen immer mehr und sind schier unersättlich. Während dieses Verhalten bei allen Kindern ab und an auftritt, vorrangig während der Entwicklungsschübe oder Wachstumsphasen, ist es bei ihnen an der Tagesordnung. Dieses Verhalten ist extrem anstrengend und geht vor allem den Müttern an die Substanz, die ihr Kind gefühlt den ganzen Tag tragen oder stillen und oft auch noch nachts vom Nachwuchs beansprucht werden.

Kriterium 4: Wobei wir beim vierten Kriterium wären, dem häufigen Füttern. Beim Stillen oder Fläschchen geben, geht es nie nur ums Sättigen, sondern auch darum, dem Baby Nähe zu geben. Kinder, die statt nach einem strikten Zeitplan nach Bedarf gestillt werden, sind laut Studien glücklicher und ausgeglichener als andere. Bei High Need Babys ist der Bedarf deutlich höher als bei anderen Babys. Sie fordern das Füttern ständig ein, und zwar nicht nur wenn sie Hunger haben, sondern auch zu diversen anderen Zwecken. Es scheint für sie das Mittel der Wahl, wenn sie unglücklich oder unzufrieden sind. Das Verhalten birgt leider einige Probleme. Bei Flaschenkindern besteht die Gefahr, dass sie zu viel zunehmen und bei gestillten Kindern kann sich das Abstillen schwierig gestalten. Auch Zeiten, in denen die Mutter mal nicht verfügbar ist, zum Beispiel aufgrund von Arbeit oder Krankheit, können problematisch sein.

High Need Babys geben den Eltern oft das Gefühl, kontrolliert und manipuliert zu werden, indem sie intensiver und lautstarker nach ihnen verlangen. Sie vermitteln den Eindruck, dass es nie schnell genug gehen kann, da sie nicht warten können und angebotene Alternativen strikt verweigern. Auch Ablenkungen werden nicht akzeptiert, es muss alles immer nach dem Willen des Kindes geschehen. Merken Sie sich, dass Ihr Baby all das nicht böswillig macht. Es kann nicht anders, weil es einfach so starke Bedürfnisse hat. Erst wenn es größer wird, wird es verstehen, dass man manchmal auch warten muss und Rücksicht auf andere nehmen sollte. Es ist Ihre Aufgabe Ihrem Kind dies nach und nach zu vermitteln, da es sonst auch später eine stark kontrollierende Persönlichkeit haben wird.

Es gibt Kinder, die schlafen bereits kurz nach ihrer Geburt durch. Das werden Sie mit High Need Babys nicht erleben. Auch wenn sie sonst von allem etwas mehr brauchen, gilt das nicht für den Schlaf. Ein Mittel dagegen gibt es nicht. Zum Schlafen zwingen oder ihr Schlafverhalten umerziehen, funktioniert nicht, da sie einfach nicht mehr Schlaf benötigen. Dies liegt an ihrem Temperament, wodurch sie schlichtweg mehr Energie haben als andere, und auch schlechter abschalten können. Außerdem ist es so, dass sie generell leichter überreizt werden und dadurch schlechter ein- bzw. durchschlafen können. Ihr Schlafrhythmus ist ein anderer. Häufig verbringen sie mehr Zeit im Tiefschlaf (REM-Phase), was ebenfalls zu einem kürzeren Bedarf an Schlaf führt. High Need Babys hilft es beim Schlafen, wenn sie dabei körperlichen Kontakt zur Mutter haben, da sie sich dadurch sicher fühlen.

Ein High Need Baby ist scheinbar nie zufrieden. Eltern entwickeln dann häufig Schuldgefühle, was sie aber nicht tun sollten. Man sollte akzeptieren, dass es Tage gibt, an denen alle Anstrengungen, das Baby zu beglücken, scheitern werden. Das gehört zur Persönlichkeit von High Need Babys und man sollte es niemals persönlich nehmen.

Oftmals kann ein High Need Baby auch völlig unberechenbar erscheinen. Immer wenn man denkt, man hätte das Bedürfnis des Kleinen verstanden, hat es schon wieder ein anderes. Das ist extrem frustrierend und man fragt sich ständig, was man falsch macht. Die Unberechenbarkeit des Babys ist gepaart mit extremen Emotionen, die gefühlt übergangslos wechseln. Man weiß vorher nie, ob ein Tag schön wird, oder in der totalen Katastrophe endet.

Viele High Need Babys zeigen schon früh Anzeichen von Hochsensibilität. Sie werden schnell von der Umwelt beeinflusst und überstimuliert. Am Glücklichsten sind sie, wenn sie so wenig Reizen wie möglich ausgesetzt werden. Außerdem sind die Babys sehr schreckhaft und reagieren auf bestimmte Erlebnisse mit schlechtem Nachtschlaf. Diese Sensibilität kann in der weiteren Entwicklung allerdings auch Vorteile haben, wie ja bereits im Abschnitt über Hochsensibilität beschrieben wurde.

Ein anspruchsvolles Baby wird förmlich an Ihnen festgewachsen sein. Solange es auf Ihrem Arm ist, ist alles in Ordnung. Wenn Sie es dann aber ablegen wollen, bricht nicht selten die Hölle los. High Need Babys sehnen sich nach körperlicher Nähe und suchen auch gezielt nach Hautkontakt. Ständig kuscheln sie sich „in" die Mutter. Bevorzugte Stellen sind Armbeuge, Hals und natürlich der Busen. Zusätzlich lieben sie es, wenn man dabei in Bewegung bleibt und sie sanft wiegt. Stubenwagen, Wiege und Ähnliches sind bei High Need Babys Fehlinvestitionen, auf die Sie gut verzichten können. Dass dieses Verhaltensmuster vor allem körperlich extrem anstrengend und kräftezehrend für die Mutter sein kann, muss ich Ihnen nicht erklären. Im besten Fall fühlt sich das Baby auch beim Papa oder einer anderen Person wohl, sodass sich die Mutter zwischendurch erholen kann. Im Gegensatz dazu, gibt es aber auch High Need Babys, die Kuscheln und Nähe überhaupt nicht mögen.

Möglicherweise liegt es daran, dass sie auf Berührungen so sensibel reagieren, dass es für sie unangenehm wird. Diese Babys zählen zu den schwierigsten, da man sich neue Beruhigungsstrategien einfallen lassen muss. Nehmen Sie es aber niemals persönlich, wenn das Baby Nähe ablehnt. Es kann nichts dafür und liebt Sie trotzdem!

Es gibt Kinder, die können sich von alleine beruhigen und auch alleine einschlafen. Hierbei können Kuscheltiere oder eine Spieluhr gute Hilfsmittel sein. Bei High Need Babys funktioniert das nicht. Um sich zu beruhigen, brauchen sie Menschen, anstatt Gegenstände, und vor allem die Hilfe ihrer Eltern beim Einschlafen. Selten haben sie ein Lieblingskuscheltier, viele können generell mit Kuscheltieren nichts anfangen. Wenn Eltern ihre Babys in den Schlaf begleiten, werden sie irgendwann, wenn sie soweit sind, selbst lernen sich zu beruhigen und in den Schlaf zu finden. Man sollte sie niemals dazu zwingen alleine zu schlafen, oder sie weinen lassen, bis sie vor Erschöpfung einschlafen. Stattdessen sollten sie durch Entspannung in den Schlaf finden.

Ein High Need Baby hat in der Regel, neben den Eltern, nur wenige Bezugspersonen. Andere Erwachsene, die es betreuen sollen, werden nur schwer akzeptiert. Ein Babysitter ist daher in den ersten Jahren selten eine Option, was natürlich schnell zur Bewährungsprobe für die Partnerschaft werden kann, wenn man keine Zweisamkeit mehr genießen kann. Das Baby meint es aber natürlich nicht böse. Aus seiner Sicht sind Sie und Ihr Kind keine verschiedenen Personen, sondern jeweils ein Teil voneinander, der nun mal zusammengehört. Das „Ich-Bewusstsein" entwickelt sich erst viel später. Ohne Mutter fühlt sich das Baby unvollständig und unsicher. Viele bezeichnen das Verhalten als Trennungsangst oder sogar schon als Fremdeln. Für die Babys ist es aber ganz normal, die Person, die sie brauchen, bei sich haben zu wollen und dadurch ein Grundbedürfnis zu stillen.

Wenn Sie ein anspruchsvolles Baby haben, ist der richtige Umgang sehr wichtig. Egal wie lieb Sie Ihr Baby haben, Sie müssen wissen, dass vor allem die erste Zeit extrem anstrengend und kräftezehrend sein wird. Je besser man aber mit den Ansprüchen und Bedürfnissen des Babys umgeht, umso leichter kann es später werden, wenn das Kind älter wird. Versäumnisse im Babyalter können einen negativen Einfluss auf das gesamte weitere Leben des Kindes haben. Die Erkenntnis ein High Need Baby zu haben, ist der erste Schritt, und mit ein paar Tipps für den richtigen Umgang kann man sich zumindest besser darauf einstellen.

Zunächst einmal sollten Sie, egal wie schlimm es ist oder wie anstrengend der Tag war, die Nerven behalten und das Baby niemals schütteln oder anderweitig für sein Verhalten bestrafen. Wenn Sie einmal gar nicht mehr weiterwissen, legen Sie es an einem sicheren Ort, zum Beispiel Laufstall oder Wiege, ab, und holen Sie sich Hilfe bei Familie, Freunden oder auch Nachbarn. Jeder Elternteil, der ein High Need Baby betreut, braucht Pausen, um wieder zu Kräften zu kommen und die Akkus aufzuladen.

Leider gibt es keine Zauberformel, die das Leben mit dem anspruchsvollen Baby einfacher macht. Beachten Sie folgende Tipps und sagen Sie sich immer wieder, dass auch diese Phase schneller vorbei sein wird, als Sie es im Augenblick für möglich halten:

- Achten Sie auf eine bindungsorientierte Erziehung. Das bedeutet, dass Sie Ihr Kind immer unterstützen, wenn es Sie braucht, vor allem beim Schlafen.

- Scheuen Sie sich nicht davor, Ihr Kind immer dann zu stillen, wenn es danach verlangt, auch wenn es eigentlich gar nicht hungrig sein kann und vermutlich nur nuckeln und kuscheln will.
- Ein Familienbett ist ein guter Weg, um dem Kind die Nähe zu geben, die es braucht. Haben Sie keine Angst, dass Ihr Kind ewig dort verweilt. Irgendwann möchte jedes Kind freiwillig ins eigene Zimmer.
- Anstelle eines Kinderwagens, in dem sich viele High Need Babys „abgelegt" fühlen, verwenden Sie lieber ein Tragetuch oder eine andere Tragehilfe. Der enge Körperkontakt wird das Kind beruhigen und verschafft auch Ihnen ein wenig Entspannung. Gleichzeitig sind Sie mit dem Baby im Tuch auch deutlich beweglicher.
- Manchmal tut es auch gut, sich mit anderen Eltern auszutauschen, die ebenfalls ein sehr anspruchsvolles Baby haben. Sie werden merken, dass es jemanden gibt, der Ihre Probleme nachvollziehen kann. Im Austausch lernen Sie vielleicht sogar noch ein paar Dinge, die für Ihren Alltag hilfreich sein könnten. Auch wenn es Ihre Probleme nicht lösen kann, werden Sie sich nicht mehr so alleine fühlen.
- Eltern, die kein High Need Baby haben, werden Sie vermutlich mit etlichen Ratschlägen bombardieren. Lassen Sie diese einfach an sich abprallen, denn diese Eltern kennen Ihr Kind nicht und wissen auch nicht, welche Bedürfnisse solch ein Kind hat.
- Es bringt auch nichts, wenn man versucht, sein Kind durch „Abhärten" umzuerziehen. High Need Babys brauchen einfach mehr Aufmerksamkeit und Zuwendung. Da müssen Sie einfach durch. Schreien lassen wirkt kontraproduktiv, während dem Kind ein schnelles Reagieren auf seine Bedürfnisse die Si-

cherheit gibt, dass es ok ist, sich in seinem eigenen Tempo zu entwickeln und Dinge zu lernen.
- Wenn das Kind älterwird, sollten Sie ihm Strategien aufzeigen, wie es sich bei einem Bedürfnis auch selbst helfen kann. So können Sie, zum Beispiel beim Abendritual, ein Kuscheltier ins Spiel bringen.
- Sorgen Sie für einen möglichst eintönigen und gleichmäßigen Alltag des Babys. Besonders in den ersten Wochen und Monaten reagieren High Need Babys extrem empfindlich auf äußere Reize. Nach und nach wird es sich an immer mehr Dinge, Menschen und Gegebenheiten gewöhnen.
- Sollten Sie Ihr Kind aufgrund der Arbeit bereits relativ früh fremdbetreuen lassen müssen, sollten Sie statt einer Kita lieber eine Tagesmutter wählen. Hier hat das Kind keine wechselnden Bezugspersonen und ist in einer kleinen Gruppe weniger Reizen ausgesetzt.

Es bringt wenig, Ihr Kind mit anderen zu vergleichen. Sie befinden sich in einer Ausnahmesituation. Nehmen Sie diese an. Achten Sie aber dennoch darauf, dass Sie selbst genügend Schlaf bekommen. Nur so haben Sie genügend Energie, um den Alltag mit Ihrem anspruchsvollen Baby zu meistern.

Ansonsten freuen Sie sich einfach über jeden noch so kleinen Erfolg und Fortschritt Ihres Babys und verlieren Sie Ihre eigenen Grenzen dabei nicht aus den Augen. Es ist keine Schande, wenn man sich Hilfe sucht.

Fakt ist: Auch anspruchsvolle Babys können ganz wundervoll sein. So schwierig es auch am Anfang mit ihnen sein mag, sie entwickeln sich meistens zu tollen Kindern und Jugendlichen mit vielen wertvollen Eigenschaften. Vor allem durch die intensive Anfangszeit entwickeln Mutter und Kind in der Regel eine sehr liebevolle und enge Bindung, die nicht selten das ganze Leben hält. Das war auch bei Maria und ihrem Sohn Lasse der Fall, auch wenn die ersten Jahre ein Kraftakt waren:

„Lange Zeit habe ich mich gefragt, wie andere Mütter das machen. Bereits wenige Wochen nach der Geburt nahmen sie wieder am sozialen Leben teil, gingen aus und waren relativ fit, weil die Babys bereits nach kurzer Zeit durchschliefen und auch tagsüber immer wieder zufrieden einschlummerten. Fremdbetreuung durch die Großeltern oder einem Babysitter funktionierte prima und mit einem Jahr gingen die meisten Kinder ohne Probleme in die Krippe und die Mütter fingen wieder an, zu arbeiten. Bei meinem Sohn Lasse war all das undenkbar. Bevor ich über das Phänomen des High Need Babys gelesen hatte, dachte ich immer, dass ich irgendetwas Grundlegendes falsch mache und es meine Schuld ist, dass unser Alltag mit dem Kleinen so schwer und anstrengend ist. Jetzt weiß ich, dass es nicht an uns lag, sondern dass Lasse als High Need Baby einfach stärker ausgeprägte Bedürfnisse hatte. Hier möchte ich nun einmal aus unserem Alltag der ersten 2,5 Jahre berichten. Ich weiß noch genau wie es anfing. Ich wachte nach einem Notkaiserschnitt aus der Vollnarkose auf und das erste, was ich sah, war der rötlich beflaumte Hinterkopf meines Sohnes. Er hatte bereits während ich schlief an meiner Brust angedockt und trank die erste Muttermilch. Dies war der Anfang einer langen und intensiven Stillbeziehung. Die bereitgelegten Schnuller wollte er nie nehmen. Wann immer es ging, wollte er an meine Brust. Nicht nur zum Trinken. Zum Beruhigen, Einschlafen oder einfach nur zum Kuscheln, ver-

langte er immer die Brust. Andere Methoden, um ihn ruhig zu stellen, gab es kaum. Ich war die Einzige, die ihn zum Schlafen bringen konnte. Das heißt, abends auszugehen, fiel für mich lange Zeit weg. Wenn er eingeschlafen war, versuchte ich ihn natürlich in sein Bettchen zu legen. In der Regel wachte er nach dem Ablegen direkt auf. Und wenn nicht, wachte er auf, sobald ich das Zimmer verließ. Wir schafften uns relativ schnell ein Beistellbett an. Dies war praktisch, da ich ihn mindestens 10- bis 15-mal pro Nacht stillen und so nicht immer extra aufstehen musste. Das mit dem Weglegen klappte nach dem Stillen so gut wie nie. Am liebsten schlief er in meiner Armbeuge oder auf meiner Brust. Das war auf Dauer und mit steigendem Gewicht ziemlich unbequem. Mein Mann meinte ständig, das sei nicht normal und wir müssten ihn einfach zwingen, alleine zu schlafen. Dies kam für mich aber nie in Frage. Ich habe immer das getan, was mein Mutterinstinkt mir gesagt hat. Und das war einfach, ihm diese Nähe zu geben, die er so vehement einforderte. Irgendwann würde sich das von selbst ändern, dachte ich. Doch die Monate vergingen. Das erste Mal hat er mit 2 Jahren und vier Monaten durchgeschlafen. Vorher war er nachts immer zwischen 5- und 10-mal wach. Keine Ahnung, wie ich das so lange durchgehalten habe. Anscheinend haben Mütter tatsächlich Superkräfte. Ungefähr so lange habe ich ihn übrigens gestillt. Das Abstillen funktionierte einfach von einem Tag auf den anderen im gegenseitigen Einverständnis. Lasse war wohl einfach so weit. Natürlich hat sich nicht nur im Schlaf- und Stillverhalten gezeigt, dass er ein High Need Baby war. Einen Kinderwagen hätten wir uns sparen können. Da wollte er nie rein, die Themen Ab- bzw. Weglegen kannten wir ja schon vom Schlafen. Also trug ich ihn tapfer bis zu einem Gewicht von knapp 15 kg im Tragetuch bzw. mit einer Tragehilfe. Dort war er von Anfang an glücklich, zufrieden und entspannt. Wäre ich nicht wieder schwanger geworden, wer weiß, vielleicht würde ich ihn noch immer tragen. Das Thema Fremdbetreuung war bei uns auch nie wirklich einfach. Egal wo wir waren, sobald ich mal außer Sichtweite war, begann Lasse zu weinen. Also verzichtete ich weitestgehend auf meine Privatsphäre, in der Hoffnung, dass es irgendwann schon besser wird. Mit 1,5 Jahren gingen wir in eine Eltern-Kind-Gruppe. Während alle Kinder alleine oder mit anderen spielten, saß er die meiste Zeit bei mir auf dem Schoß und beobachtete lieber. Hin und wieder nahm er mich an der Hand mit, um zu spielen, aber wenn ich dann mal Anstalten machte, mich abzuwenden, klebte er direkt wieder wie ein Magnet an mir. Mit 2 Jahren begann dann der Spielkreis: 2-mal pro Woche, 3 Stunden, ohne Eltern. Von allen Kindern hat die Eingewöhnung bei ihm am längsten gedauert. Was hatte ich für ein schlechtes Gewissen, wenn er beim Verabschieden jedes Mal in Tränen ausgebrochen ist. Oft war es so schlimm, dass ich gar nicht erst gegangen bin, oder ihn früher wieder abholen musste. Wie sollte das nur weitergehen? Vor allem mit einem zweiten Kind? Gegen Ende seines dritten Lebensjahres wurde es dann langsam besser. Mittlerweile ist Lasse 5 Jahre alt und geht seit zwei Jahren in den Kindergarten. Nach anfänglichen Problemen klappt es mittlerweile super und er ist gerne dort. Nur ab und zu erkennt man seinen stark anhänglichen Charakter noch. Aber mit dem Wissen, dass er einfach so ist, kommen wir mit der Situation mittlerweile super zurecht. Sein jüngerer Bruder zeigte anfangs übrigens ein ähnliches Verhalten, nur ein bisschen weniger stark ausgeprägt. Anstrengende Phasen gab es trotzdem und das Durchschlafen, oder im eigenen Zimmer schlafen, klappt bis heute, im Alter von 2,5 Jahren, noch nicht. Dafür hatte er weniger Probleme mit Abschieden und der Be-

treuung durch Dritte. Nun erwarte ich in ein paar Monaten das dritte Kind. Natürlich werde ich auch dieses Wesen bedingungslos lieben, so wie es ist, aber dennoch hoffe ich, dass es dieses Mal kein High Need Baby wird."

Maria, 37 über Lasse, 5

Kapitel 5:
Erziehungstipps für herausfordernde Situationen mit temperamentvollen Kindern

Es wird immer Situationen geben, in denen Sie ratlos danebenstehen und sich fragen, was Sie falsch gemacht haben, oder wie Sie mit der Situation am besten umgehen sollen. Leider gibt es kein Geheimrezept und nur Sie kennen Ihr Kind mit all seinen Eigenarten und Bedürfnissen. Als Herzstück dieses Ratgebers möchte ich Ihnen eine Zusammenfassung von rund 100 Erziehungstipps für verschiedene Alltagssituationen an die Hand geben. Der ein oder andere wird Ihnen bestimmt weiterhelfen.

Grundsätzliche Erziehungstipps bei temperamentvollen Kindern

- Nichts geht über Konsequenz. Egal wie gut Ihre Erziehungsansätze auch sind, ohne die nötige Konsequenz sind sie völlig sinnlos. Ohne Konsequenz wird Ihr Kind Sie irgendwann nicht mehr ernst nehmen und Ihnen auf der Nase herumtanzen.
- Sorgen Sie für eine gute Kommunikation mit klaren Ansagen, Grenzen und nachvollziehbaren Konsequenzen. Denken Sie nicht, dass es lieblos gegenüber Ihrem Kind ist. Es hilft ihm lediglich dabei, sich besser zu orientieren. Liebe und Klarheit schließen einander nicht aus.
- Sie sind das Vorbild Ihres Kindes, ob Sie nun wollen oder nicht. Also seien Sie auch ein gutes Vorbild, Ihr

Kind wird Ihr Verhalten nämlich irgendwann annehmen. Verlangen Sie von Ihrem Kind niemals etwas, was Sie nicht auch selbst machen würden.
- Geben Sie Ihrem Kind das Gefühl, ernst genommen zu werden und hören Sie ihm zu. Ein offenes Ohr für die Sorgen und Nöte zu haben, ist gerade bei älteren Kindern und Teenagern extrem wichtig
- Bestärken Sie positives Verhalten Ihres Nachwuchses mit Lob und vermeiden Sie es, negatives Verhalten übermäßig zu bestrafen.
- Bewahren Sie immer Ruhe!
- Bleiben Sie mit Ihrem Kind in Kontakt und reden Sie mit ihm über Probleme und Gefühle. Bestrafen Sie es nicht mit Schweigen.
- Wenn Sie mit der Situation total überfordert sind, suchen Sie sich Hilfe. Entweder bei Freunden oder professionellen Stellen. Dies ist kein Zeichen von Schwäche, sondern von Stärke.

Im ersten Jahr gibt es einige besondere Tipps zu beachten:

Am Anfang sollten Sie die Bedürfnisse Ihres Babys bedingungslos erfüllen. Gegen Ende des ersten Lebensjahres kann man von einem Baby allerdings auch schon ein wenig Geduld erwarten und einfordern. Es schadet nicht, wenn ein Baby in diesem Alter einen Moment warten muss. Auch das Verständnis des Wortes „Nein" entwickelt sich ab ca. einem Jahr.

Sprechen Sie ein „Nein" aber nicht allzu häufig aus. Inflationär benutzt, verliert es aus der Sicht des Babys schnell an Bedeutung. Benutzen Sie es nur als Verbotswort und bestenfalls nur in Situationen, in denen es dem Schutz des Kindes dient.

Nutzen Sie Tonlage und Mimik, um dem Baby ein ernstgemeintes Verbot auch zu verdeutlichen. Sagen Sie niemals im Spaß „nein" oder lachen/lächeln Sie dabei.

Verlassen Sie sich nicht darauf, dass sich das Baby an Regeln oder Verbote hält. Dafür ist es einfach noch zu jung. Zu oft siegt in diesem Alter noch die Neugier. Um eine Gefährdung auszuschließen, behalten Sie es stets im Auge.

Ein Baby kann Strafen noch nicht mit seinem Fehlverhalten in Verbindung bringen. Deshalb loben Sie lieber, wenn das Kind ein gewünschtes Verhalten zeigt.

Babys lernen durch Nachahmung. Deshalb sollten Sie von Anfang an ein gutes Vorbild sein und ihm vorleben, was Sie sich von ihm wünschen. Dies gilt insbesondere für den Umgang mit seinem Umfeld.

Endlich keine Windeln mehr: Tipps fürs Trockenwerden

Verzichten Sie auf Bodys und steigen Sie auf Unterhöschen um. Diese kann das Kind beim Gang zur Toilette selbst hinunterziehen. Falls es noch nicht ganz klappen sollte, können Höschenwindeln eine gute Übergangslösung sein.

Kleiden Sie Ihr Kind möglichst locker und unkompliziert, damit Sie oder auch das Kind im Falle eines „Notfalls" schnellstmöglich handeln können.

Haben Sie immer ein paar Windeln parat. Selbst wenn ein Kind schon selbstständig zur Toilette oder aufs Töpfchen geht, wird es immer Phasen geben, in denen sich ein Kind wieder auf eine Windel verlassen möchte. Manchmal kann schon ein fremdes Klo ein Kind so sehr verunsichern, dass es um eine Windel bittet.

Besorgen Sie für sämtliche Schlafplätze Ihres Kindes einen Matratzenschoner, falls doch einmal ein Malheur passiert.

Vertrauen Sie Ihrem Kind und gehen Sie ruhig ohne Windel mit ihm spazieren oder zum Einkaufen, wenn das Kind es möchte. Natürlich kann so immer auch etwas passieren, aber Ihr Kind wird dafür auch ein besseres Gefühl für seinen Körper entwickeln. Wenn Sie Wechselwäsche und Tücher dabeihaben, sollte ein Missgeschick in der Regel kein großes Problem darstellen.

Der beste Zeitpunkt zum Trockenwerden ist der Sommer. Bei warmen Temperaturen kann das Kind unten ohne im Garten spielen und ein bewusstes Körpergefühl entwickeln. Es erlernt so den Zusammenhang zwischen dem Gefühl des Blasendrucks und des Wasserlassens Wenn größere Veränderungen bevorstehen, wie zum Beispiel der Kita-Start, ein Umzug oder die Geburt eines Geschwisterchens, sollte man mit dem Training lieber noch etwas warten. Zu viele Veränderungen können das Kind überfordern und verunsichern. Also muten Sie Ihrem Kind nicht zu viel auf einmal zu und handeln Sie Schritt für Schritt.

Tipps für stressfreies Einkaufen mit dem Kind

Wenn Ihr Kind quengelt, nervt oder sogar lautstark brüllt, bleiben Sie gelassen. Ihre Gelassenheit wird sich früher oder später auf Ihr Kind übertragen. Es muss Ihnen auch nicht unangenehm sein. Erledigen Sie Ihre Einkäufe einfach wie geplant und lassen Sie sich nicht unterkriegen.

Seien Sie aber trotzdem gut vorbereitet und sorgen Sie dafür, dass Ihr Kind weder hungrig noch müde ist, wenn Sie mit ihm einkaufen gehen wollen. Außerdem gibt es Zeiten, wie zum Beispiel unter der Woche vormittags, in denen in den Geschäften meistens weniger los ist und das Einkaufen dadurch generell stressfreier ist.

Mit mehreren Kindern wird es natürlich noch etwas spannender. Daher binden Sie Ihre Kinder mit ein. Als kleine Einkaufsassistenten haben sie etwas zu tun und fühlen sich groß. Die meisten Kinder macht es sehr stolz und zufrieden, wenn sie Mama oder Papa bei etwas helfen können.

Versprechen Sie den Kindern keine Gegenleistung, wie Süßigkeiten, wenn sie zum Einkaufen mitkommen. Auch Kinder müssen lernen, dass man nicht immer bekommt, was man gerne hätte.

Es gibt Supermärkte, die in hohem Maße mit Psychotricks und Lockangeboten arbeiten. Vor allem im Kassenbereich kommen die Kleinen leicht in Versuchung und Stress ist quasi vorprogrammiert. Daher sollten Sie den Supermarkt mit Bedacht wählen. Außerdem sollten die Gänge für den Fall, dass Sie einen Kinderwagen dabei haben, ausreichend breit sein.

Kleinkrieg im Sandkasten: Tipps, um Streitereien zwischen Kindern zu deeskalieren

Bleiben Sie solange wie möglich in der Beobachterrolle und behandeln Sie Besitzkonflikte möglichst neutral. Greifen Sie nicht direkt ein, wenn sich Ihr Kind mit einem anderen um ein Sandspielzeug streitet. Auch Kleinkinder sind bereits in der Lage, gemeinsam Lösungen zu finden. Den Gerechtigkeitssinn von Erwachsenen können sie zwar in der Regel noch nicht nachvollziehen, trotzdem finden sie häufig ihren eigenen Weg zurück zum friedlichen Spielen.

Handeln Sie bei kleinen Kindern vorausschauend. Achten Sie zum Beispiel darauf, ob sich Ihr Kind für ein bestimmtes Spielzeug interessiert, und bieten Sie ihm ein ähnlich attraktives an, bevor es auf die Idee kommt, es einem anderen Kind weg zu nehmen.

Schützen Sie Ihr Kind, und auch andere, immer vor Aggressionen. Streithähne, die schlagen, schubsen, usw., sollten nach Möglichkeit direkt getrennt werden und sich eine Auszeit genehmigen. Kleinere körperliche Auseinandersetzungen sind aber normal und müssen nicht so ernst genommen werden. Achten Sie einfach darauf, dass es nicht ausartet.

Bereits im Alltag zu Hause sollten Sie Ihrem Kind das Prinzip des Teilens näherbringen. Ein wichtiges Lernziel ist hierbei, dass man den aktuellen Besitzer eines Spielzeugs immer erst fragt, bevor man sich das Spielzeug nimmt.

Grundlegende Tipps für den Spielplatzbesuch

Ermöglichen Sie es Ihrem Kind, sich selbständig auf dem Spielplatz zu bewegen. Sie sollten nur eingreifen, wenn das Kind alleine nicht klarkommt oder Gefahr droht.

Trösten Sie Ihr Kind jederzeit, wenn es nötig ist. Wenn Ihr Kind Sie braucht, dürfen und sollten Sie jederzeit einschreiten. Für das Vertrauensverhältnis ist es enorm wichtig, dass das Kind weiß, dass Sie bei Bedarf auch sofort zur Stelle sind.

Bei Streitereien beobachten Sie, ob ein Eingreifen von Ihnen wirklich notwendig ist. Kleinere Streitereien auf dem Spielplatz gehören dazu und werden meistens von den Kindern selbst geregelt. Fühlen Sie sich bitte auch nicht für das Verhalten Ihres Kindes verantwortlich.

Wenn Sie doch einmal bei einem Konflikt zwischen Kindern eingreifen müssen, bleiben Sie neutral, locker und gelassen und lassen Sie jedes Kind zu Wort kommen.

Ermöglichen Sie es den Kindern in Konfliktsituationen zunächst, ihre eigenen Lösungen zu finden.

Versuchen Sie, die Kinder in der Kommunikation zu unterstützen, nehmen Sie ihnen diese aber nicht ganz ab. Manche brauchen lediglich ein wenig Hilfe dabei, ihre Interessen und Gefühle zu formulieren.

Gehen Sie stets mit gutem Beispiel voran und leben Sie Ihrem Kind vor, wie man sich unter Mitmenschen verhält. Dies gilt natürlich überall und nicht nur auf dem Spielplatz.

Tipps, um in der Trotzphase zu überleben

Besonders in der, im ersten Kapitel erwähnten, Trotzphase stellen temperamentvolle Kinder eine besondere Herausforderung dar. Mit diesen Tipps sind Sie jedoch für jede Situation gerüstet:

- Achten Sie immer zuallererst darauf, dass sich Ihr Kind in seiner Wut nicht verletzt.
- Manchmal bewirkt ein enger Körperkontakt wahre Wunder und ein wütendes Kind beruhigt sich schnell wieder und fühlt sich geliebt. Zwingen Sie Ihrem Kind aber keinen Kontakt auf. Es gibt durchaus Kin-

der, die nicht festgehalten werden wollen. Mit einer unerwünschten Umarmung würden Sie alles nur schlimmer machen.
- Bevor Sie mit Ihrem Kind reden, warten Sie ab, bis es sich beruhigt hat. Während eines Wutanfalls bringen Ihre Worte rein gar nichts.
- Bleiben Sie ganz, ganz ruhig. Verlieren Sie nicht die Geduld und schimpfen Sie nicht. Manchmal hilft es, für ein paar Sekunden die Augen zu schließen und bewusst ein und aus zu atmen.
- Je weniger Aufmerksamkeit Sie einem Wutanfall zukommen lassen, desto schneller wird er auch wieder vorüber sein. Machen Sie kein Drama daraus.
- Nehmen Sie einen Wutanfall niemals persönlich. Machen Sie sich auch nicht selbst dafür verantwortlich.
- Wer vorbereitet ist, kann manch einen Wutanfall vermeiden oder im Keim ersticken. Wenn Ihr Kind müde ist, sollten Sie es nicht mit Aktivitäten bombardieren und von einem hungrigen Kind sollten Sie keine komplexen Entscheidungen verlangen. Gutes Timing ist alles und in der Erziehung äußerst hilfreich.
- Halten Sie sich an feste Abendrituale und bringen Sie dadurch Ruhe in Ihren Abend. Ein entspanntes Kind schläft deutlich besser und hat dadurch in der Regel auch weniger Wutanfälle. Außerdem lernen Kinder durch regelmäßige, feste Abläufe, dass es keinen Sinn macht, dagegen anzukämpfen.
- Verlässliche Regeln, an denen man ausnahmslos und ohne Diskussionen festhält, geben dem Kind Halt und es kommt seltener auf die Idee, seine Grenzen auszutesten.
- Ablenkung ist vor allem bei Kleinkindern ein sehr effizientes Mittel, um einen drohenden Wutanfall noch im Keim zu ersticken.

- Zeigen Sie Ihrem Kind, wie es mit seiner Wut umgehen kann. Die Wut muss manchmal einfach raus. Aber anstatt Türen zu knallen, hilft es manchmal auch, ein paar Minuten mit den Fäusten auf ein Kissen oder eine Matratze einzutrommeln. Finden Sie gemeinsam einen Weg und vergessen Sie nicht Ihr Kind zu loben, wenn es diesen dann auch einschlägt und die neue „Technik" umsetzt.

Tipps für konstruktive Reaktionen bei schimpfenden und fluchenden Kindern

Jedes Kind schnappt spätestens im Kindergarten „böse Wörter" auf. Die meisten wissen rasch um ihre Wirkung und nutzen sie gezielt als Provokation. Dem kann man aber entgegenwirken.

- Wenn Sie keine Reaktion auf ein neues Wort zeigen und weder schimpfen noch lachen, wird das Kind schnell das Interesse daran verlieren.
- Erklären Sie dem Kind auf jeden Fall, dass gewisse Wörter andere Menschen verletzen und sehr traurig machen können und es viel schöner ist, wenn man nett zueinander ist.
- Schaffen Sie schimpfwortfreie Zonen, wie zum Beispiel die Küche oder das Wohnzimmer. Im Bad erlauben Sie es, denn dort kann man die schlimme Sprache, für Kinder bildlich nachvollziehbar, passenderweise im Klo hinunterspülen.

Lassen Sie sich Fantasieflüche einfallen, die Sie nur innerhalb der Familie verwenden. Das macht Spaß und schweißt die Familie zudem zusammen.

Vergessen Sie Ihre Vorbildfunktion nicht. Wenn Sie oft fluchen, wird Ihr Kind es auch tun. Daran führt kein Weg vorbei.

Tipps für Zeiten, in denen das Kind partout nicht hören will

Einfaches Rufen bringt häufig nichts, Sie müssen auch präsent sein. Sie können Ihr Kind beispielsweise anstupsen, bevor Sie etwas sagen, um seine volle Konzentration zu haben.

Stellen Sie sich nicht selbst eine Falle, indem Sie etwas von Ihrem Kind verlangen und dabei ungewollt ein Hintertürchen auflassen. „Wir gehen gleich nach Hause, okay?", gibt dem Kind die Möglichkeit mit „Nein" zu antworten.

Vermeiden Sie leere Drohungen („Dann gehe ich eben ohne dich") und machen Sie dem Kind lieber sinnvolle Vorschläge, was Sie noch alles gemeinsam tun könnten, wenn es jetzt auf Sie hört.

Wenn Ihr Kind auf Sie gehört und tatsächlich gemacht hat, was Sie von ihm verlangt haben, erkennen Sie dieses Verhalten an und loben Sie Ihr Kind.

Bei ernsten Gesprächen ist das richtige Timing wichtig. Warten Sie solange ab, bis Ihr Kind voll und ganz auf Sie konzentriert ist.

Ablenkungen sollten vermieden werden. Wenn viel Rummel um Sie herum herrscht, sollten Sie das Besprechen wichtiger Themen lieber verschieben.

Mit „Hör-Spielen" können Sie Ihrem Kind spielerisch beibringen, richtig zuzuhören. Gehen Sie zum Beispiel raus, legen sich mit einer Decke auf die Wiese und versuchen

Sie gemeinsam, die vielen unterschiedlichen Geräusche zuzuordnen.

Wenn Ihr Kind einmal total abgelenkt ist, können Sie es zurück in die Gegenwart bringen, indem Sie es fragen, was es gerade sieht und hört. Wenn Ihr Kind sich dann ausreichend konzentriert, können Sie andere Themen leichter ansprechen.

Tipps für gemeinsame Essensrituale

Auch wenn es sehr anstrengend sein kann, sind gemeinsame Mahlzeiten für Kinder sehr wichtig. Mindestens einmal am Tag sollte sich die Familie gemeinsam am Tisch versammeln. Für einen entspannten Ablauf empfehle ich, folgende Punkte zu berücksichtigen:

- Kinder lieben es, gebraucht zu werden und wollen mitmachen. Lassen Sie die Kleinen daher ruhig ein oder zweimal die Woche mitentscheiden, was gekocht wird, und kochen Sie es dann auch gemeinsam. Mit größeren Kindern können Sie außerdem zusammen Rezepte lesen und aufschreiben oder Einkaufslisten erstellen.
- Führen Sie Ihr Kind bereits ab dem ersten Lebensjahr an möglichst viele und gesunde Nahrungsmittel heran. Vermeiden Sie lediglich Lebensmittel, an denen die Kleinen sich verschlucken könnten, wie etwa Nüsse. Kinder sollten grundsätzlich alles riechen, fühlen und probieren dürfen.
- Um ein ungesundes Verhältnis zum Essen zu vermeiden, sollten Sie es nie als Belohnung oder Bestrafung einsetzen.
- Geschmäcker sind verschieden und das ist auch schon bei den Kleinsten so. Versuchen Sie, darauf Rücksicht zu nehmen und vermeiden Sie es, über

das Essen zu streiten. Es ist nicht schlimm, wenn ein Kind mal nicht alles aufisst, solange es ansonsten aktiv, gesund und zufrieden ist.
- Seien Sie ein Vorbild und essen Sie viel Obst und Gemüse. Irgendwann wird Ihr Kind sich auch von ganz alleine gesünder ernähren.

Tipps für bessere Tischmanieren

Im Spiel lernen Kinder am besten. Mit Plüschtieren oder Puppen kann man daher bereits mit den Kleinsten wunderbar trainieren, wie man sich am Tisch und beim Essen zu verhalten hat.

Seien Sie ein Vorbild und vermeiden Sie es, mit vollem Mund zu sprechen oder nebenbei auf dem Handy herum zu tippen. Ansonsten wird Ihr Kind Sie beim Thema Tischmanieren irgendwann nicht mehr ernst nehmen.

Begründen Sie Ihrem Kind die Regeln, zum Beispiel weshalb man nicht schmatzen oder das Messer ablecken sollte („Das finden andere eklig").

Loben wirkt auch am Tisch besser als jede Bestrafung, deshalb bestärken Sie das positive Verhalten Ihres Kindes stets.

Seien Sie bei der Durchsetzung Ihrer Tischregeln konsequent. Bei ganz jungen Kindern kann man natürlich noch lockerer sein, da sie rein motorisch vieles noch nicht umsetzen können. Bei älteren Kindern sollten die Tischmanieren, nachdem sie verinnerlicht wurden, aber stets beachtet werden, und zwar nicht nur zu Hause, sondern natürlich auch in Restaurants und anderen Lokalitäten.

Tipps rund um die Zeugnisvergabe

Nehmen Sie Ihr Kind bei einem schlechten Zeugnis in den Arm und trösten Sie es. Ihr Kind ist vermutlich frustriert und von sich enttäuscht und braucht jetzt das Gefühl, dass die Eltern da sind und es sich bei Sorgen und Nöten an sie wenden kann.

Überlegen Sie gemeinsam, wie es zu schlechten Noten kommen konnte und planen Sie Strategien, wie die Noten künftig besser ausfallen könnten.

Machen Sie kein allzu großes Drama aus der Situation und bleiben Sie gelassen. Auch mit weniger guten Noten kann man später durchaus beruflich erfolgreich sein.

Ein gutes Zeugnis sollte immer belohnt werden, zum Beispiel mit einem tollen Ausflug oder etwas, das sich Ihr Kind schon ganz lange gewünscht hat. Loben Sie auch kleinere Erfolge, wie etwa die Verbesserung von einer 3+ auf eine 2-. Es müssen nicht nur Einser im Zeugnis sein.

Tipps zum Umgang mit digitalen und sozialen Medien

Sie sollten gemeinsam mit Ihrem Kind überlegen und festlegen, was im Internet erlaubt ist, und was nicht. Hierbei sollten Sie auch mit Ihrem Partner auf einen Nenner kommen und sich am besten rechtzeitig und ohne Kinder darüber austauschen.

Zeigen Sie Interesse und hinterfragen Sie die Interessen Ihres Kindes. Seien Sie auf dem Laufenden, wo und was Ihr Kind aus welchen Gründen postet. Dies gelingt am besten, wenn Sie regelmäßig mit Ihrem Kind zu dem Thema kommunizieren und Ihr Vertrauen nicht verspielen, indem Sie zum Beispiel in dessen privaten Accounts herumschnüffeln.

Hinterfragen Sie die Wertigkeiten der digitalen Welt. Sprechen Sie mit Ihrem Kind darüber, ob ein „Like" für ein Foto tatsächlich ein ernstzunehmendes Feedback ist, oder doch nur eine Belanglosigkeit des Internets.

Legen Sie, wenn möglich auch schriftlich, einen Nutzungsvertrag für das Internet fest. In ihm wird die Art und Dauer der Nutzung explizit vermerkt. Die tägliche Mindestnutzungszeit darf allerdings nicht gesammelt oder aufaddiert werden. Der Vertrag kann natürlich gelockert werden, wenn Ihr Kind zum Beispiel krank ist, oder es den ganzen Tag regnet.

Wenn Ihr Kind schon älter sind, kann man eine wöchentliche Medienzeit einführen, die es sich selbst einteilen kann. So lernt Ihr Kind, selbstständig zu planen und sich seine Ressourcen einzuteilen.

Ältere Kinder können zudem mit einem geringen Anteil an den Kosten beteiligt werden. Auf diese Weise lernen sie Smartphone und Internet mehr zu schätzen.

Verlieren Sie nie den Anschluss. Beschäftigen Sie sich selbst auch mit den digitalen Medien, um auf dem Laufenden zu bleiben und Einblick in die Aktivitäten Ihres Kindes in der digitalen Welt nehmen zu können.

Teenager stehen häufig unter einem enormen Leistungs- und Bildungsdruck. Geben Sie ihnen eine Stunde täglich zur komplett freien Verfügung. Diese Insel im ansonsten komplett durchgeplanten Alltag wird ihnen guttun. Ob sie diese Zeit nun online verbringen oder einfach nur faulenzen, ist dabei völlig irrelevant.

Wenn Sie das Gefühl haben, dass Ihr Kind nur noch online ist und sich diesbezüglich auch an keine Regeln hält, haben Sie immer die Möglichkeit, das WLAN-Passwort zu ändern oder die Geschwindigkeit zu begrenzen.

Tipps zum Entschärfen von Geschwisterkonflikten

Vermeiden Sie es, Ihre Kinder miteinander zu vergleichen. Dies fördert beim Nachwuchs nur ein Konkurrenzdenken und Konflikte sind unvermeidbar.

Ergreifen Sie bei Streitereien nicht Partei, besonders nicht immer für ein bestimmtes Kind. Viele Eltern neigen leider dazu, grundsätzlich das jüngere Kind in Schutz zu nehmen. In diesem Fall wird sich das andere Kind unfair behandelt fühlen und seinen Unmut an der ganzen Familie auslassen.

Nehmen Sie kleine Streithähne immer ernst und versuchen Sie, nicht zu rekonstruieren, wer die Schuld am Streit trägt. Wenn Ihre Kinder sich ein wenig beruhigt haben, können Sie gemeinsam versuchen, sich in die Lage des jeweils anderen hinein zu versetzen und nach Lösungen zu suchen.

Warten Sie ab und schreiten Sie nie sofort ein, wenn Ihre Kinder streiten. Erst wenn sie sich nur noch im Kreis drehen oder es zu Handgreiflichkeiten kommt, sollten Sie dazwischen gehen und den Kindern ihre Grenzen klar machen. Am besten ist es dann in der Regel, die beiden Kinder zu trennen.

Eine räumliche Trennung ist bei Geschwistern, die grundsätzlich weniger gut miteinander auskommen, generell ein gutes Mittel. Falls es nicht möglich ist, beiden ein eigenes Zimmer zu bieten, können Trennwände helfen, um Konflikte zu reduzieren.

Wenn Ihre Kinder sich häufig um Spielsachen streiten, sollten Sie diese auf jeden Fall getrennt voneinander aufbewahren, um den Kindern auch deutlich zu zeigen, wem was gehört.

Wenn Geschwisterkinder sich untereinander etwas ausleihen wollen, müssen sie vorher immer erst fragen. Diese Regel sollten Sie Ihren Kindern von Anfang an klar machen und bei Bedarf regelmäßig kommunizieren.

Wenn eines Ihrer Kinder Freunde zu Besuch hat, sollten Sie sich für das andere eine Beschäftigung ausdenken, da sonst die Gefahr besteht, dass es die anderen Kinder nervt oder stört.

Tipps für mehr Ordnung im Kinderzimmer

Seien Sie ein Vorbild und leben Sie Ihrem Kind eine gewisse Ordnung vor. Räumen Sie regelmäßig auf und erklären Sie auch, warum Sie Ordnung dem Chaos vorziehen.

Sortieren Sie nicht alles zu penibel. Statt vieler kleiner Kisten, nutzen Sie lieber weniger, aber dafür größere.

Alles sollte einen festen Platz in Ihrem Haushalt haben. So fällt es den Kindern deutlich leichter, selbst Ordnung zu halten.

Sorgen Sie dafür, dass die Spielzeugmenge stets überschaubar bleibt und misten Sie regelmäßig aus.

Verteilen Sie Aufgaben und formulieren Sie gegenüber den Kindern klar, wer was wegräumen soll.

Bei sehr jungen Kindern sollten Sie immer auch erklären, was Sie tun, während Sie eine Sache an ihren Platz legen.

Seien Sie konsequent und verlangen Sie, dass Ihr Kind seine eigenen Sachen auch selbst wegräumt. Nur weil Sie in Eile sind, sollten Sie niemals die Aufgaben des Kindes übernehmen.

Bei älteren Kindern macht es Sinn, ihren Bereich klar in Schul- und Freizeitecke zu unterteilen. Die Schulecke sollte nach Möglichkeit immer ordentlich und aufgeräumt sein. Dagegen soll der Freizeitbereich auch zum Wohlfühlen einladen und ein Ort sein, wo nicht immer alles perfekt aufgeräumt sein muss.

Puh... Dies waren eine Menge Tipps und vermutlich gibt es noch viele mehr, die hier nicht angeführt sind. Selbst wenn Sie nicht alles so anwenden werden wie beschrieben, geben sie Ihnen vielleicht trotzdem hier und da wertvolle Denkanstöße, um Ihr Kind und sein Verhalten in den verschiedenen Situationen besser verstehen zu können.

Diese essentiellen Aspekte der Erziehung sollten Sie jedoch nie vernachlässigen:

Seien Sie immer ein gutes Vorbild für Ihre Kinder und bleiben Sie mit ihnen im Dialog. Schaffen Sie im Alltag klare Regeln und Strukturen und seien Sie bei der Einhaltung stets konsequent. Das ist bereits die halbe Miete und wird Ihnen etliche Konflikte ersparen.

Kapitel 6:
Die Kunst, Grenzen zu setzen

Viele Eltern sind verunsichert, wenn es darum geht, ihren Kindern Grenzen zu setzen. Einerseits wollen sie ihrem Kind die Freiheiten geben, die es braucht, um sich zu entfalten, andererseits tanzt das Kind ihnen regelmäßig auf der Nase herum und macht den Alltag zur Herausforderung. Auch wenn es schwierig ist, sollten Eltern ihren Kindern Grenzen setzen. Dies ist für ihre Entwicklung genauso wichtig wie Freiheiten.

Daher mein direkter Rat an Sie: Die einzige Zeitspanne, in der Sie auf Grenzen bei Ihrem Kind verzichten können, ist in den ersten Monaten nach der Geburt. In dieser Zeit ist es einfach nur fundamental wichtig, die Bedürfnisse des Kindes nach Schutz, Nahrung und Zuneigung bedingungslos zu erfüllen. Kinder müssen sich sicher fühlen um ihr (Ur)Vertrauen in andere Menschen aufbauen zu können. Das bedingungslose Erfüllen der Bedürfnisse eines Babys oder Kleinkindes ist unerlässlich für eine gesunde Entwicklung. Versäumnisse in dieser Zeit können negative Konsequenzen für das gesamte weitere Leben eines Kindes haben.

Nach und nach lernen kleine Kinder dann aber, dass auch andere Menschen Bedürfnisse haben und dass in der Welt Gefahren lauern, die zur Notwendigkeit von Grenzen führen. Beispiele hierfür sind etwa die heiße Herdplatte oder fahrende Autos auf der Straße.

In dieser Phase der Erkenntnisse müssen Kinder lernen, ihre eigenen Bedürfnisse auch einmal aufzuschieben und die Bedürfnisse anderer zu erkennen. Dazu gehört auch, eigene Grenzen und die Grenzen anderer zu respektieren. Das funktioniert natürlich nicht von heute auf morgen, sondern ist ein langer Weg, der mitunter noch bis ins Erwachsenenalter weitergeht. Daher sollten Sie als Eltern Ihrem Kind auf diesem Weg mit einem gesunden Maß an Grenzen beistehen. Sobald Ihr Kind gelernt hat, mit einer bestimmten Situation verantwortungsvoll umzugehen, können Sie Grenzen auch wieder lockern. Dies ist für Ihr Kind sicherlich ein Erfolgserlebnis, das sein Selbstbewusstsein fördert.

Vanessa und ihr Mann sind sich zwar einig, dass Grenzen wichtig sind, allerdings gehen ihre Meinungen auseinander, wie viel Freiraum sie ihrem Söhnchen Jannik einräumen sollten:

„Bei einem Thema gerate ich mit meinem Mann immer wieder aneinander. Es geht darum, wie viel Freiraum wir unserem fünfjährigen Sohn Jannik geben, wenn wir spazieren gehen. Mein Mann ist der Meinung, dass der Kleine in dem Alter auch mal alleine voraus laufen oder auch mit dem Laufrad bzw. Fahrrad fahren darf. Grundsätzlich hat er ja Recht. Allerdings möchte ich jederzeit die Möglichkeit haben, ihn zu stoppen. Also, dass er anhält und wartet, wenn jemand „Stopp!" sagt. Dies ist quasi eine Grenze, die ich ihm setze, um ihn vor den diversen Gefahren im Straßenverkehr zu schützen. Es geht mir nicht um ein Verbot, sondern einfach darum, dass er trotz aller Freiheiten, die wir ihm geben, auch auf uns hört, wenn es nötig ist. Dies funktioniert allerdings nicht. Ein „Stopp" oder „Halt" wird von ihm gekonnt ignoriert und nicht selten mit einem frechen Grinsen quittiert. Deswegen lasse ich ihn nach Möglichkeit auch nicht mehr vorgehen oder -fahren, was meinem Mann nicht gefällt. Ich bin allerdings der Meinung, dass

ich die gesetzte Grenze erst lockern werde, wenn er einsieht und gelernt hat, dass er auf uns hören muss und wir ihm nur Freiräume schaffen können, wenn wir uns auf ihn verlassen können."

Vanessa, 33 über Jannik, 5

Warum klare Grenzen wichtig und wertvoll sind

Es gibt jede Menge Gründe dafür, warum es Sinn macht, seinen Kindern Grenzen zu setzen:

- Da Kinder oft noch nicht das volle Ausmaß ihres Handelns abwägen können, bieten Grenzen ihnen Schutz in gefährlichen Situationen.
- Angemessene Grenzen geben Kindern Halt und Sicherheit. Sie können sich auf ihre Eltern verlassen, dass sie im richtigen Moment die Verantwortung übernehmen und reagieren.
- Grenzen halten die Ordnung aufrecht, sichern das Zusammenleben und machen aufgestellte Regeln verbindlich.
- Kinder bekommen durch Grenzen eine Orientierung im Leben, da sie ihnen einen Handlungsspielraum aufzeigen.
- Grenzen können sich für Kinder entlastend anfühlen, da die Eltern die Verantwortung übernehmen und aus ihrem Erfahrungsschatz heraus verantwortungsbewusst handeln und entscheiden.

Wie Sie sehen, gibt es gute Gründe Kindern Grenzen zu setzen. Hierbei gibt es aber auch einiges zu beachten, denn falsch gesetzte Grenzen können wiederum zu Konflikten führen.

Zunächst einmal sollten Grenzen immer altersentsprechend angepasst werden. Lassen Sie Ihr Kind unbedingt auch eigene Erfahrungen machen, denn niemand lernt etwas, wenn er es nicht ausprobieren kann. Wenn ein gewisses Maß an Erfahrung vorhanden ist, scheuen Sie sich nicht, gemachte Grenzen auch wieder zu lockern. Je älter ein Kind ist, desto verantwortungsvoller wird es mit gewährten Freiheiten umgehen können. Also trauen Sie ihm auch mal etwas zu und es wird mehr wahrnehmen, mehr verstehen und selbstständiger werden.

Da jedes Kind anders ist, ist es nicht sinnvoll, jedem Kind die gleichen Grenzen zu setzen. Diese Problematik zeigt sich besonders in der Schule, da die Lehrkräfte bei immer größer werdenden Klassen nur selten individuell auf Kinder eingehen können. Grundsätzlich bräuchte man auch an Schulen unterschiedliche Erziehungsmethoden, da Kinder unterschiedlich schnell lernen und verstehen. Gleichzeitig hat auch jedes Kind andere Ziele, die es erreichen möchte, sowie einen individuellen Unterstützungsbedarf. Diese Ziele sollte man als Eltern kennen und auch wissen, wie weit sein Kind auf dem Weg dorthin schon ist. Nur dann ist man in der Lage, angemessene Grenzen zu setzen.

Neben dem Alter spielt für eine passende Grenzsetzung auch die Reife und die Persönlichkeit eine Rolle. Daher gibt es keine altersspezifischen Grenzen, an die man sich wie in einem Lehrbuch halten kann. Also achten Sie beim Aufstellen von Regeln immer auf die individuellen Stärken und Schwächen sowie den aktuellen Entwicklungsstand Ihres Kindes.

Selbstverständlich kann es im Familienalltag schnell zu Unstimmigkeiten kommen, wenn nicht alle Kinder gleich behandelt werden und manche sogar Privilegien genießen.

Schnell fühlt sich dann ein Kind ungerecht behandelt. In solchen Fällen sollten Sie das Gespräch mit den Kindern suchen und ihnen Ihr Handeln und Ihre Beweggründe ganz genau erklären. Die meisten Kinder verfügen über mehr Verständnis und Einfühlungsvermögen, als man erwartet.

Halten Sie es aus, wenn Ihr Kind die von Ihnen gesetzten Grenzen zunächst nicht akzeptiert. Dies kann vor allem bei temperamentvollen Kindern sehr anstrengend werden. Sagen Sie sich dann immer wieder, dass Kinder Grenzen brauchen und sogar suchen. Natürlich versuchen manche Kinder alles in ihrer Macht stehende, um ihre eigenen Bedürfnisse und ihren Willen durchzusetzen. Damit wollen sie die Eltern aber keinesfalls ärgern oder schikanieren. Sie möchten in einer bestimmten Situation einfach etwas anderes als ihre Eltern. Also nehmen Sie die Wut Ihres Kindes nicht persönlich und versuchen Sie die geballte Frustration auszuhalten.

Eine große Gefahr beim Thema Grenzen liegt darin, sie gegenüber dem Kind nicht klar genug zu formulieren. Dies geschieht häufig aus der Angst heraus, das Kind noch mehr zu verärgern und für eine schlechte Stimmung innerhalb der Familie zu sorgen. Manche Eltern haben mir sogar erzählt, sie hätten Angst, durch zu strenge Grenzen die Liebe ihres Kindes zu verlieren. Dies wird normalerweise natürlich nicht passieren, wenn sonst alles stimmt und Sie immer für Ihr Kind da sind, wenn es Sie braucht und mit Ihnen reden will.

Das Problem bei nicht klar kommunizierten Grenzen liegt darin, dass wir in den Augen unseres Kindes an Glaubwürdigkeit verlieren und dem Kind zu wenig Halt geben. Natürlich wird das Kind nicht alles einsehen. Dafür fehlt häufig noch der Überblick über das große Ganze. Deswegen ist es an Ihnen, die Wut und Frustration sowie die regelmäßigen Kämpfe mit Ihrem Kind auszuhalten.

Versuchen Sie sich immer in Ihr Kind hineinzuversetzen. Solch ein Perspektivenwechsel kann Ihnen hilfreiche Aufschlüsse über die Bedürfnisse Ihres Kindes liefern. Wenn Sie Ihr Kind verstehen, wirken sie automatisch auch verständnisvoller. Wenn Ihr Kind merkt, dass Sie es verstehen und Sie ihm erklären, weshalb Sie ihm eine Sache trotzdem nicht erlauben können, wird das Kind diese Grenze leichter akzeptieren können.

Stellen Sie also nie einfach willkürlich eine Grenze auf, sondern erklären Sie Ihrem Kind auch die Gründe. Zwar wird nicht jedes Kind dies verstehen oder gar damit einverstanden sein, Ihre Erklärung ermöglicht dem Kind dennoch einen Lernprozess.

Zeigen Sie Ihrem Kind gegenüber keine Unsicherheit und formulieren Sie die Grenzen klar und deutlich. Ansonsten wird das Kind Sie sofort testen und herausfordern, um zu schauen, wie ernst es Ihnen tatsächlich ist. Leider weichen viele Eltern von ihren Grenzen ab, sobald sich ein Kind schwierig verhält. Hierbei lernt das Kind dann, dass es sich nur lange genug querstellen muss, um die Grenzen aufzuweichen und seinen eigenen Willen durchzusetzen. Das sollte auf gar keinen Fall geschehen, da dies die komplette künftige Erziehung noch komplizierter und anstrengender macht.

Wenn Sie sich dennoch unsicher fühlen, ob Ihre Grenzen nicht vielleicht doch zu hart gewählt sind, überlegen Sie sich in Ruhe, ob eine Anpassung oder Lockerung angebracht ist, und kommunizieren Sie das Ergebnis mit Ihrem Kind. Loben Sie Ihr Kind hierbei für seine Entwicklung und Lernerfolge und kommunizieren Sie die Regelanpassung als eine Art Belohnung. Auf diese Weise behalten Sie die Zügel in der Hand.

Es ist auch nicht schlimm, Kompromisse einzugehen. Sie verlieren dadurch keinesfalls die Kontrolle, sondern verhindern geschickt einen Machtkampf mit dem Kind. Sehr gut funktionieren solche Kompromisse, indem Sie Ihrem Kind eine Alternative anbieten. Wenn das Kind zum Beispiel partout nicht seine Mütze aufsetzen möchte, obwohl es draußen kalt ist, geben Sie ihm die Möglichkeit, stattdessen seine Kapuze zu benutzen. So geben Sie zwar immer noch etwas vor, Ihr Kind fühlt sich aber in der Lage, seinen eigenen Willen mit einzubringen.

Beachten Sie bei Ihrer Erziehung, dass weniger oft mehr ist. Zu viele Grenzen können ein Kind auch schnell überfordern oder es fühlt sich komplett fremdbestimmt. Deswegen überlegen Sie sich am besten im Vorfeld, welche Erziehungsziele Sie haben und welche Ihnen wirklich wichtig sind. Setzen Sie die Grenzen dementsprechend. Verlangen Sie niemals zu viel von Ihrem Kind! Bei zu vielen Grenzen kann es schnell passieren, dass Sie aus dem Schimpfen und Kontrollieren fast nicht mehr herauskommen. Das fühlt sich sowohl für Sie als auch für Ihr Kind schlecht an und kann die Eltern-Kind-Beziehung sehr belasten. Außerdem ist der Lernprozess bei einem Kind deutlich effektiver, wenn man mit ihm an wenigen Erziehungszielen, dafür aber richtig, arbeitet. Erst wenn ein Erfolg verbucht ist, geht es weiter zum nächsten Schritt.

Jana findet Grenzen wichtig und versucht, bei ihren zwei Kindern möglichst konsequent zu sein, auch wenn sie immer wieder als zu streng betitelt wird:

"Immer wieder bekomme ich zu hören, dass ich eine sehr strenge Mutter sei. Dabei ist es mir einfach nur wichtig, meinen Kindern Grenzen zu setzen. Ich selbst hatte als Kind sehr viele Freiheiten und kaum Grenzen. Beim Essen durfte ich jederzeit aufstehen oder sogar mit dem Essen rumlaufen. Ich durfte fernsehen, wann ich wollte und mein Zimmer habe ich selten selbst aufgeräumt. Selbst wenn meine Mutter es verlangt hat, habe ich es ausgesessen und war mir sicher, dass meine Mutter es einfach irgendwann für mich tun würde. Im Prinzip habe ich jede Grenze überschritten, die es bei uns gab. Das war nicht schwer, denn von Gegenwehr war bei meinen Eltern keine Spur. Ich weiß nicht, wieso. Aber ich selbst bin das totale Gegenteil von meiner Mutter geworden und für mich sind Grenzen und Konsequenz das Wichtigste in der Erziehung meiner Kinder. Mein Mann meint zwar, ich sei zu streng, aber bei meiner vierjährigen Tochter Leonie ist es auch echt nötig, da sie ein richtig frecher Wirbelwind ist. Sie testet uns nach Strich und Faden aus und bringt uns oft an unsere psychischen und physischen Grenzen. Daher braucht sie knallharte und konsequente Grenzen. Unser Sohn ist da momentan noch pflegeleicht. Jan ist 2 und wenn man zu ihm „nein" sagt, akzeptiert er das noch ohne zu meckern und sucht sich lächelnd eine andere Aktivität. Aber mir ist bewusst, dass sich das irgendwann ändern kann und dann werde ich definitiv auch ihm konsequent seine Grenzen aufzeigen. Ganz egal, ob mein Mann das nun zu hart findet oder nicht. Mir hätte es als Kind bestimmt nicht geschadet, hier und da mal auf etwas zu verzichten und stattdessen so wichtige Dinge, wie Struktur, zu lernen."

Jana, 30 über Mia, 4 und Jan, 2

Grenzen setzen in der Pubertät
Bei älteren Kindern kommt es früher oder später dazu, dass sie Wünsche äußern oder Forderungen stellen, die ihren El-

tern im ersten Moment unangebracht erscheinen oder in ihnen sogar Angst auslösen können. Beispielsweise, wenn der Sohn das erste Mal bis Mitternacht ausgehen möchte oder die Tochter sich wünscht, bei ihrem ersten festen Freund zu übernachten. Wenn es bei Ihnen soweit ist, werden Sie im ersten Moment womöglich an den bisherigen Grenzen festhalten wollen, denn bislang hielten Sie sie für vernünftig und angebracht und sahen nie einen Grund, überhaupt über eine Änderung nachzudenken. Aber Kinder verändern sich, wachsen und werden reifer. Ihre Interessen verändern sich und dadurch entstehen selbstverständlich Forderungen. Solange Sie nicht möchten, dass Ihr (pubertierendes) Kind dazu gezwungen ist, etwas hinter Ihrem Rücken zu tun, sollten Sie daher in Erwägung ziehen, über Ihre Grenzen nachzudenken und sie anzupassen. Neue Regeln zu besprechen, sind zudem eine tolle Möglichkeit, um als Familie zusammen zu kommen, sich besser kennenzulernen und über alles in Ruhe nachzudenken und zu sprechen. Jeder sollte seine Wünsche und Vorstellungen einbringen dürfen, bevor neue Grenzen und Regeln festgelegt werden.

Reagieren Sie niemals direkt auf eine Forderung des Kindes, sondern antworten Sie in etwa mit: „Das muss ich mir mal überlegen." So haben Sie genug Zeit zum Nachdenken und können es zudem auch mit Ihrem Partner besprechen. Es besteht keine Notwendigkeit sofort zu reagieren.

Auch wenn das Kind in der Pubertät schon reifer ist und bald offiziell als erwachsen gilt, sind Grenzen weiterhin sehr wichtig. Gerade wenn sich der Körper und das Denken so stark verändern, braucht man den Halt, den Grenzen einem bieten. Leider sind pubertierende Teenies oftmals ein wenig komplizierter und mitunter ziemlich aufmüpfig. Hier hilft es, wenn Sie ein gutes Verhältnis zu Ihrem Nachwuchs aufgebaut haben. Hierfür möchte ich Ihnen ein paar Tipps geben, denn es gibt Umfragen, die herausgefunden haben, wie sich Eltern von 13- bis 19-Jährigen am besten verhalten sollten, um in den Augen des Nachwuchses als „cool" zu gelten.

Laut dieser Studie sollten Sie sich als Eltern folgende Zeilen merken und danach handeln:

- Eltern müssen die Privatsphäre ihres Nachwuchses respektieren.
- Sie sollen den Jugendlichen zuhören, wenn sie Probleme haben.
- Auch Teenies wollen, wenn sie krank sind, umsorgt und verhätschelt werden.
- Freunde dürfen jederzeit zu Besuch kommen.
- Eltern bringen ihre Kinder mit dem Auto zu Verabredungen und holen sie von Partys ab.
- Jugendliche dürfen bei Freunden übernachten.
- Eltern dürfen niemals in den Mobiltelefonen des Nachwuchses herumschnüffeln.
- Eltern helfen bei Bedarf weiterhin bei den Hausaufgaben, warten aber, bis sie um Hilfe gebeten werden.
- Eltern akzeptieren die Freunde, den persönlichen Geschmack (Kleidung) und die Fehler des Kindes.
- Eltern interessieren sich für das soziale Leben ihrer Kinder, sind aber nicht zu neugierig oder wertend.
- Teenies wollen nicht in der Öffentlichkeit verhätschelt oder geküsst werden.

Wenn Sie diese Punkte einigermaßen berücksichtigen, gelten Sie in den Augen Ihres Kindes vermutlich als relativ „cool". Dadurch wird es Ihnen leichter fallen, Grenzen zu setzen und Ihr Kind wird auch eher bereit dazu sein, sich an diese zu halten. Wenn Sie ein gutes Verhältnis pflegen, können Sie über alles reden und Konflikte werden seltener.

Auch folgende Tipps werden Ihnen den Umgang mit Ihrem temperamentvollen, pubertierenden Kind erleichtern:

Tipp 1: Viele Eltern versuchen während der Pubertät der „beste Freund" ihres Kindes zu werden. Dahinter steckt nicht selten der egoistische Grund, nah am Kind dran zu bleiben und es nicht seinen eigenen Weg gehen zu lassen. Eltern wissen, dass ihr „Baby" bald schon erwachsen sein wird und versuchen, so noch ein wenig an der Uhr zu drehen.

Grundsätzlich fühlen sich Eltern heutzutage jünger denn je. Väter tragen lässige Sneakers oder lassen die Boxershorts auch mal aus der Hose herausblitzen und Mütter tragen kurze Röcke und freche Shirts. Leider ist es unserem Nachwuchs fast immer oberpeinlich, wenn wir das Gleiche tragen wie er. Es macht uns weder jünger, uns so zu kleiden wie unsere Kinder, noch ist es unsere Aufgabe, der beste Kumpel zu sein. Also seien Sie auch in der Pubertät lieber ein Vorbild für Ihr Kind, statt sein Nachahmer.

Tipp 2: Dass Eltern ihre Kinder beschützen wollen, ist normal. Dennoch sollte man sie, vor allem in der Pubertät, auch falsche Entscheidungen treffen lassen. Nur so können sie zu eigenständigen und selbstbewussten Menschen heranwachsen. Natürlich lernen sie auch während der Pubertät von uns, nur eben anders als zuvor. Vorschläge werden sowieso generell abgelehnt. Daher hilft es, die Kontrolle ein wenig zu lockern und dann da zu sein, wenn sie auf uns zukommen und tatsächlich Hilfe oder einen Rat einfordern.

Teenies lernen und entwickeln sich hauptsächlich durch das Prinzip „Versuch und Irrtum".

Tipp 3: Egal worum es geht, ein absolutes Standardargument Ihres Kindes während der Pubertät wird sein: „Alle anderen...!" Die Freunde bekommen mehr Taschengeld, dürfen länger ausgehen, haben schon die neue Playstation. Der Gruppendruck ist während keiner Zeit im Leben höher als zur Teenagerzeit. Verstehen Sie diesen Druck und auch Ihr Kind, aber geben Sie nicht nach, wenn Sie es nicht für angemessen halten. Seien Sie Vorbild, indem Sie den weitergereichten Druck ertragen.

Tipp 4: Auch wenn es für Sie verlockend erscheinen mag, lesen Sie niemals im Tagebuch Ihres Kindes und schnüffeln Sie nicht in dessen Handy, Tasche oder Computer herum. Manchmal könnten Sie denken, es ginge einfach nicht anders, aber auch dann lassen Sie es bitte. Selbst bei Verdacht auf Schulschwierigkeiten, Drogenproblemen, ... Es ist der falsche Weg und kann mitunter sehr kontraproduktiv sein. Wer seinem Kind helfen möchte, sollte bestimmt nicht direkt zu Beginn das vorhandene Vertrauen zerstören. Sprechen Sie Ihr Kind in einem ruhigen Moment an und schildern Sie ihm Ihre Sorgen. Das Kind wird diese Vorgehensweise sehr zu schätzen wissen.

Tipp 5: Mit dem Thema Aufklärung sollten Sie nicht bis zur Pubertät warten. Die meisten Kinder wissen heute schon viel früher über die wichtigsten Dinge im Leben Bescheid. Bereits in der Grundschule findet Sexualkunde statt und auch Themen wie Alkohol oder Drogen werden bereits früh thematisiert. Dennoch sollten Sie sich mit Ihrem Teenager zu einem geeigneten Zeitpunkt zusammensetzen, um ein paar Weisheiten zum Thema „Sex, Drugs and Rock'n'Roll" loszuwerden, sobald Sie erste Anzeichen sehen, dass Ihr

Kind mit diesen Themen in Kontakt gekommen ist. Es kann hilfreich sein, eigene Erfahrungen aus Ihrer eigenen Jugend zu teilen. Übertreiben Sie es jedoch nicht und belassen Sie es zunächst bei einem kurzen Gespräch, es sei denn, Ihr Kind zeigt großes Interesse. Ihr Kind, dem es vermutlich zunächst peinlich sein wird, weiß nun, dass Sie zu solchen Gesprächen bereit sind und wird künftig selbst auf Sie zukommen, wenn bei einem Thema Redebedarf besteht. Machen Sie zum Ende des Gespräches auf jeden Fall klar, dass Sie jederzeit bereit sind, über diese Themen weiter zu sprechen und Hilfestellung zu geben. In diesem Erstgespräch sollten Sie auch nicht versäumen, ein paar Grundregeln aufzustellen und Ihren Standpunkt zu Drogen und Alkohol klarzumachen. So erhält Ihr Kind Orientierung und weiß, wo die Grenzen liegen.

Tipp 6: Erwarten Sie nicht, dass Ihr Kind ab einem bestimmten Alter automatisch Aufgaben im Haushalt übernimmt. Die meisten Teenies tun dies nicht freiwillig und eine Gewöhnung an neue Aufgaben kann am Ende mehr Arbeit bedeuten, als es einfach so zu lassen, wie es immer war. Entweder Sie haben Mithilfe im Alltag bereits frühzeitig eingeführt oder die Gelegenheit leider verpasst - fangen Sie nicht im Teenageralter auf einmal damit an. Freuen Sie sich über ernstgemeinte Anerkennung und Dankbarkeit Ihres Nachwuchses für das, was Sie für ihn tun, und überschwemmen Sie ihn nicht mit Forderungen, Bitten, Erinnerungen oder Kontrollen. Ihr Kind hat während der Pubertät schon genug mit sich selbst zu tun, also halten Sie die Aufgaben im Haushalt, die sie verteilen, in Maßen.

Tipp 7: Kompromisse sind immer wichtig, ganz besonders aber während der Pubertät. Wenn ein Teenie etwas fordert, Sie aber komplett andere Vorstellungen haben, dann sind die Fronten selbst im harmonischsten Haushalt schnell verhärtet. Beispielsweise möchten Sie, dass Ihr Kind um 22 Uhr zu Hause ist, der Nachwuchs möchte aber gerne bis in die frühen Morgenstunden mit Freunden feiern. Nehmen Sie sich in solchen Situationen am besten einen kurzen Moment Zeit und denken Sie darüber nach, was genau Sie eigentlich wollen, und was der Sohn oder die Tochter will. Zum einen wollen Sie Ihrem Kind bestimmt nicht den Abend mit seinen Freunden verderben, zum anderen möchte Ihr Kind sicherlich nicht, dass Sie Angst haben und sich Sorgen machen müssen. Unter dieser Voraussetzung scheint der Konflikt gar nicht mehr so schwer bewältigbar. Es besteht die Möglichkeit, sich auf einen Kompromiss zu einigen, beispielsweise, dass der Nachwuchs erst um Mitternacht zu Hause sein soll oder er Ihnen verspricht, keine Drogen zu nehmen und mit seinen Freunden zusammenzubleiben, damit sie gegenseitig auf sich aufpassen.

Tipp 8: Mit einem pubertierenden Teenager werden Sie sich einiges anhören müssen. Natürlich ist es nicht schön, wenn das eigene Kind einen verflucht und aufs Übelste beschimpft. Noch schlimmer ist es aber, wenn Sie darauf ebenfalls mit Flüchen und Schimpftiraden reagieren. Werfen Sie Ihrem Kind in diesen Situationen lieber einen strengen Blick zu und nehmen eine Auszeit, indem Sie zum Beispiel einfach den Raum verlassen. Schicken Sie nicht Ihr Kind weg, das würde es nur wütender machen. Wenn es sich beruhigt hat, können Sie über alles reden, wenn es das möchte. Nehmen Sie die Kritik Ihres Kindes niemals persönlich. Solch ein Verhalten gehört in dieser Phase dazu und ist bei manchen Kindern einfach stärker ausgeprägt.

Tipp 9: Ehe Sie es merken, ist es schon passiert: Ihr Teenie hat Sie und Ihren Partner gegeneinander ausgespielt. Dies passiert sehr häufig in einem Haushalt mit Pubertierenden. Den Eltern wird ein schlechtes Gewissen gemacht und schon ist die Diskussion da, wer denn nun was falsch oder richtig gemacht hat. Das Kind ist in dieser Situation der lachende Dritte. Auf Dauer können daran sogar Ehen in die Brüche gehen. Gerade während der Pubertät des Kindes muss man als Eltern viele Entscheidungen treffen. Wenn dann auch noch die eigene Midlife-Crisis oder berufliche Umbrüche in die gleiche Zeit fallen, kämpft man an so vielen Fronten, dass man den Partner oder die Ehe schnell aus den Augen verlieren kann. Versuchen Sie, sich als Eltern bei allem beizustehen, und Regeln und wichtige Entscheidungen in Ruhe zu besprechen. Denken Sie immer daran, dass Eltern, die gut miteinander umgehen, in der Regel auch gute Eltern sind.

Tipp 10: Auch wenn Ihr Kind Sie und Ihre Entscheidungen und Regeln ziemlich doof findet und gegen Sie ist, bedeutet das nicht, dass Sie gegen Ihr Kind sein müssen. Seien Sie immer solidarisch mit Ihrem Kind, das ist nämlich eine Ihrer wichtigsten Pflichten als Eltern. Sehen Sie nicht immer alles so eng oder verwenden Ihre Energie auf die falschen Dinge. Machen Sie die Seele Ihres Kindes stark, indem Sie es auch in der schwierigen und anstrengenden Zeit der Pubertät bedingungslos lieben, so wie am ersten Tag.

Das Thema „Grenzen" sollte grundsätzlich für alle Eltern eine Rolle spielen. Für temperamentvolle oder schwierige Kinder sind sie natürlich besonders wichtig. Auch wenn Sie manchmal denken, Sie seien streng und drangsalieren Ihr Kind unnötig, bleiben Sie stets konsequent. Durch Grenzsetzung geben Sie Ihrem Kind den Halt und die Orientierung, die es für seine Entwicklung benötigt. Ihr Kind wird es Ihnen vermutlich irgendwann danken.

Kapitel 7:
Hochbegabung: Fluch oder Segen?

Es muss nicht immer gleich Hochbegabung sein. Dennoch sind die meisten temperamentvollen und willensstarken Kinder auch sehr intelligent. Dies macht es den Eltern oft noch schwerer in der Erziehung, denn die Kinder bemerken jeden Versuch von erzieherischer Manipulation und lassen sich nicht austricksen. Egal wie anstrengend und temperamentvoll ein Kind auch sein mag, die vorhandene Intelligenz ist durchaus etwas Wunderbares und bringt im Alltag viele Vorteile.

Bereits in frühen Jahren haben Sie einen wunderbaren Gesprächspartner an Ihrer Seite, mit dem Sie stundenlang diskutieren können. Mit Kindermärchen brauchen Sie ihm gar nicht erst kommen, es möchte die Wahrheit mit all seinen Fakten und Facetten erfahren. Dadurch sind Sie natürlich dazu gezwungen, auch Ihren eigenen Horizont zu erweitern, um mit dem Kind mitzuhalten und ihm den Input geben zu können, den es benötigt. Mein fünfjähriger Sohn, der ebenfalls sehr temperamentvoll ist und zugleich Anzeichen von Hochbegabung zeigt, wollte beispielsweise während meiner aktuellen Schwangerschaft alles über Genetik und Chromosomen erfahren. Zuerst wollte er es partout nicht wahrhaben, dass er wieder keine Schwester bekommt und hat sämtliche Aussagen von uns und den Ärzten in Frage gestellt. Erst nachdem er die Grundlagen von Chromosomen und Genetik verstanden hatte, war er zufrieden. Nun freut er sich auf unseren kleinen „XY".

Temperamentvolle Kinder sind ständig interessiert. Mit ihnen kann man problemlos mehrere Stunden in einem Museum verbringen. Sie sind sehr kreativ, machen sich viele Gedanken und wollen neue Dinge nicht nur entdecken, sondern auch erschaffen. Ihr Drang die Welt zu verändern, ist nahezu verblüffend.

Letztendlich ist auch das anstrengendste Kind für seine Eltern wunderbar. Und vieles von dem, was in ihm steckt, steckt auch in uns. Es ist eine unverwechselbare Mischung aus Mama und Papa, die man einfach lieben muss.

Sollte sich ein Anfangsverdacht von Hochbegabung tatsächlich bestätigen, kann man sich bei vielen Stellen Hilfe holen und sich informieren. Man wird beraten, wie man mit seinem Kind und den bestehenden Herausforderungen am besten umgeht und gleichzeitig die Bedürfnisse des Kindes stillt. Ein Kind, dessen Begabung nicht erkannt wird, wird leider häufig als schwierig und schwer erziehbar abgestempelt. Im Alltag leiden dann sowohl das Kind als auch die Eltern und das Umfeld sehr darunter. Wenn man ein paar Tipps und Verhaltensregeln beachtet, steht einem harmonischen Miteinander aber nichts im Weg.

Was bedeutet es, ein hochbegabtes Kind zu haben?

Ein kleines Genie in der Familie zu haben, klingt im ersten Moment ziemlich verlockend. Die meisten Menschen verbinden mit einer hohen Intelligenz automatisch beruflichen Erfolg und finanzielle Sicherheit. Eltern von hochbegabten Kindern wissen jedoch, dass es nicht unbedingt etwas Positives ist, wenn das Kind „anders" ist. Sie blicken zum Teil auf lange Leidenswege zurück, ehe sie einen Weg gefunden hatten, um mit der Situation angemessen umzugehen.

Hochbegabte Kinder haben nicht, wie viele vermuten, durchwegs gute Noten und keinerlei Probleme in der Schule. Oft ist genau das Gegenteil der Fall: Sie erhalten schlechte Noten, erleben Frustration und Aggression. Wenn man Glück und einen guten und verständnisvollen Lehrer hat, durchschaut dieser die Situation und schlägt vor, das Kind auf Hochbegabung zu testen.

Doch was genau ist eigentlich eine Hochbegabung? Kann jeder hochbegabt sein, wenn er genug übt? Die Antwort ist ein klares: „Nein!" Eine Hochbegabung bezieht sich auf die kognitive Leistungsfähigkeit des Menschen, welche schlichtweg angeboren ist. Bei Hochbegabten kann der Kopf schneller und mehr arbeiten als bei anderen. Gemessen wird dies am Intelligenzquotienten (IQ), welcher bei den meisten Menschen bei etwa 100 liegt. Ab einem Wert von 130 gilt man als hochbegabt. Diesen Wert erreichen jedoch nur circa 2 Prozent der Bevölkerung. Bei jüngeren Kindern lässt sich dieser Wert recht schwer ermitteln. Erst ab etwa 6 Jahren, also zu Beginn der Schulzeit, lassen sich verlässliche Werte bestimmen. Dennoch gibt es im Vorfeld Hinweise, die auf eine Hochbegabung hindeuten. Hochbegabte Kinder sprechen, lesen und schreiben beispielsweisefrüher als andere, sie zeigen starkes Interesse an bestimmten Themen und merken sich viel.

Grundsätzlich kann aber jedes Kind in bestimmten Bereichen Talente haben und nicht jedes Kind mit Hochbegabung wird sofort damit auffallen. Hochbegabung ist in erster Linie ein Potenzial, das es zu entfalten gilt. Viele Eltern von hochbegabten Kindern, die die Diagnose noch nicht kennen, fragen sich, ob sie in der Erziehung Fehler gemacht haben. Die Kinder fallen häufig negativ auf. Sie stören in der Schule, machen Aufgaben nicht, sind ständig mit anderen Dingen beschäftigt oder können einfach nicht stillsitzen. Häufig sind sogar die Schulnoten unterirdisch schlecht. Da liegt dann oft die Vermutung nahe, das Kind sei sogar minder begabt.

Leider werden hochbegabte Kinder auch häufig in Schubladen gesteckt. Viele Menschen gehen davon aus, dass Hochbegabte in der Schule nur „Sehr gut" schreiben und ihnen alles auf Anhieb gelingt und leichtfällt. Gleichzeitig wird ihnen oft unterstellt, dass sie andere aus Unterforderung stören und aus Protest schlechte Leistungen erbringen. Doch jedes Kind ist in seiner Persönlichkeit und seinem Verhalten anders. Oft wird vergessen, dass ein hoher Intelligenzquotient allein nicht reicht, um schulischen Erfolg zu haben. Wichtig sind in diesem Fall auch Eigenschaften wie Durchhaltevermögen, Selbstdisziplin und Organisationsfähigkeit. Nur mit ihnen kann man sein Potenzial nutzen.

Viele Schulen stellen sich mittlerweile auf hochbegabte Kinder ein, wenn eine Diagnose vorliegt. Diese Kinder werden dann gefördert und bekommen beispielsweise schwierigere Aufgaben als ihre Klassenkameraden. Teilweise dürfen sie in bestimmten Fächern sogar höhere Klassen besuchen. Auf diese Weise werden Anreize geschaffen, die verhindern, dass die Kinderfrustriert aufgeben, weil sie sich unterfordert fühlen und sich langweilen.

Doch wie sieht der Alltag außerhalb der Schule aus? Viele Eltern vergleichen die Hochbegabung ihres Kindes mit einem unstillbaren Hunger. Das Gehirn verlangt ständig nach Nahrung, Bücher werden im Akkord verschlungen. Es ist praktisch, wenn es dann in der Nähe eine gut ausgestattete Bibliothek gibt. Genau wie mit dem „richtigen" Hunger, gilt es auch das Bedürfnis nach Wissen zu stillen, da es sonst zu

Konflikten kommt und das Kind unausgelastet ist und launisch wird.

Vergessen Sie jedoch auch nie auf die anderen Bedürfnisse Ihres Kindes! Kein Kind ist nur Kopf. Das Bedürfnis nach Liebe und Nähe sollten Sie bei hochbegabten Kindern genauso stillen, wie bei allen anderen.

Fördern Sie Ihr Kind also nicht rund um die Uhr. Das ist nicht nötig. Die Aufgabe von Eltern von hochbegabten Kindern besteht in erster Linie darin, ihre Ausdauer zu fördern. Hochbegabte Kinder neigen dazu schnell aufzugeben, wenn ihnen etwas nicht auf Anhieb gelingt. Diese Eigenschaft kann sich schon bei belanglosen Aktivitäten zeigen, wie beispielsweise dem Rollschuhfahren.

Erwarten Sie nicht ständig Höchstleistungen von Ihrem Kind oder setzen es gar unter Druck.

Unterforderung ist zwar eine häufige Ursache für Probleme bei hochbegabten Kindern, aber bei Weitem nicht der Grund für jedes Problem. Schauen Sie immer genau hin und sprechen Sie mit Ihrem Kind, wenn es ein problematisches Verhalten zeigt. Manchmal sind es tatsächlich nur Kleinigkeiten, die sein Potenzial bremsen.

Falls Sie sich sorgen, dass Sie Ihr Kind zu wenig zu fördern, und es dadurch seine Intelligenz einbüßen könnte, können Sie beruhigt sein. Zwar kann sich durch zu wenig Förderung die Intelligenz etwas mindern, sie wird aber nie unter eine bestimmte Untergrenze fallen. Kinder haben durchaus das Recht, auch mal langsamer zu machen und ihre Intelligenz nicht im vollen Umfang zu nutzen. Gönnen Sie es ihnen!

Wie Sie Ihr hochbegabtes Kind optimal fördern

Im folgenden Teil möchte ich Ihnen Tipps an die Hand geben, mit denen Sie Ihr hochbegabtes Kind optimal fördern können:

- Versuchen Sie den Wissensdurst Ihres Kindes zu stillen. Das hochbegabte Kind lernt gerne und hat Spaß dabei. Geben Sie ihm die Möglichkeit dazu, zum Beispiel in Form von Büchern oder Spielen. Versuchen Sie Antworten auf seine Fragen zu finden, gerne gemeinsam. Auch Museen oder Ausstellungen können dabei helfen, das Bedürfnis nach Wissen zu stillen.
- Fördern Sie das selbstständige Lernen. Antworten Sie auf Fragen mit Gegenfragen, damit das Kind dazu angeregt wird, selbst nachzudenken oder sogar Nachforschungen anzustellen. Es fühlt sich ernst genommen und kann so außerdem üben, seine Gedanken zu sortieren und auszudrücken. Geben Sie Ihrem Kind auch die Möglichkeit, Bücher und Spiele selbst auszuwählen. Auch dann, wenn es sich für welche entscheidet, die für ältere Kinder gedacht sind. Es ist nicht schlimm, ein Buch abzubrechen oder ein Spiel nicht zu benutzen, wenn man feststellt, dass man zu alt oder zu jung ist. Die Kinder lernen dadurch ihre eigenen Grenzen kennen.
- Gewähren Sie Ihrem Kind keinen uneingeschränkten Zugang zu Medien. Es gibt nun einmal Themen, zu denen es keine kindgerechten Inhalte gibt. Hierzu zählen zum Beispiel Krieg, Gewalt oder auch Unfälle. Im Internet gibt es extra Seiten, die Nachrichten für Kinder anbieten. Dokumentationen oder Filme zu Themen, die Ihr Kind interessieren, sollten Sie sich vorher anschauen, um sicherzugehen, dass Sie auch

wirklich kindgerecht gestaltet sind. Generell sollte sich der Medienkonsum allerdings in Grenzen halten.

Viele Freizeitangebote richten sich an Kinder ab dem Grundschulalter. Vor allem Sportvereine und Musikschulen sind beliebte Anbieter. Wenn Ihr Kind noch jünger ist und dennoch Interesse an solchen Aktivitäten hat, scheuen Sie sich nicht, vor Ort nachzufragen, ob Ihr Kind nicht doch schon teilnehmen kann. Auch beim Spielzeug sollten Sie sich nicht strikt an den Altersempfehlungen auf der Verpackung orientieren. Wenn Ihr Kind sich für eines interessiert, das eigentlich für Ältere gedacht ist, lassen Sie es Ihr Kind einfach ausprobieren. Jedes Kind ist anders, daher kann man eigentlich keine pauschalen Altersempfehlungen geben. Eventuell haben Sie ja die Möglichkeit, sich ein Spielzeug für ältere Kinder auszuleihen.

Ihr Kind sollte sich trotz der Hochbegabung als normal erleben können. Sorgen Sie deshalb dafür, dass es Kontakt zu anderen hochbegabten Kindern in seinem Alter aufnehmen kann. Wenn es sich stets in der Außenseiterposition befindet, wird es Schwierigkeiten haben, ein gesundes Sozialverhalten zu erlernen. In einer Gruppe mit Gleichgesinnten, in der sich das Kind wohl fühlt, wird es ihm viel leichter fallen. Informieren Sie sich, wo es in Ihrer Nähe entsprechende Gruppen oder Kurse gibt. In der Regel tut es auch den Eltern gut, sich mit anderen Eltern von hochbegabten Kindern zu vernetzen. So können sie ganz offen über das Thema sprechen und gegenseitig Erfahrungen austauschen.

Hochbegabung ist kein Grund dafür, das Kind weniger zu erziehen. Ganz im Gegenteil, es ist sogar noch wichtiger und leider auch komplizierter. Ein hochbegabtes Kind hinterfragt sämtliche Regeln und möchte sie mit Ihnen ausdiskutieren, ehe es sie eventuell akzeptiert. Dies ist für Eltern immens anstrengend. Sie müssen bei einem hochbegabten Kind eine Balance zwischen Freiräumen und Grenzen finden. Stehen Sie immer zu Ihren Regeln und Grenzen und lassen Sie bei besonders wichtigen Themen (z. B. Sicherheit im Straßenverkehr oder abendliches Zähneputzen) keine Diskussionen zu. Manchmal muss ein „Nein" auch ein „Nein" bleiben. Nur so sind Sie für das Kind verlässlich. Bei Geschwistern sind klare Regeln sogar noch wichtiger, damit sich kein Kind besser oder schlechter fühlt als das andere.

Vielleicht fragen Sie sich, woher Ihr Kind die Hochbegabung hat? Zum Teil ist diese erblich. Daher sollten Sie ruhig einmal im familiären Umfeld Nachforschungen anstellen oder sich vielleicht sogar selbst testen lassen. Oft kommen so interessante Geschichten und Erfahrungen ans Tageslicht, die Ihnen dabei helfen können, Ihr Kind bestmöglich zu fördern. Auch wenn das Kind seinen eigenen Weg gehen wird, werden Sie immer sein Vorbild sein, daher kann jedes noch so kleine Stückchen an Information hilfreich sein.

Selbst wenn Sie das Thema Hochbegabung vor Ihrem Kind nicht ansprechen, so merken oft schon die Kleinsten, dass sie anders sind. Viele Kinder denken dann, dies sei nicht in Ordnung, und versuchen ihre Begabung zu verstecken. Andere ziehen sich zurück. Deshalb sollten Sie das Thema kindgerecht mit Ihrem Kind besprechen. Sagen Sie ihm, dass es sowohl Vor- als auch Nachteile hat, hochbegabt zu sein. Sagen Sie ihm aber auch, dass es sich bei fast allem so verhält. Am besten eignen sich anschauliche Beispiele aus der Welt des Kindes. Erklären Sie, dass größere Kinder auch nicht besser sind als Kleinere und jedes Kind seine Stärken und Schwächen hat. Fragen Sie Ihr Kind gezielt, was ihm an der Situation bedrückt und wie Sie ihm helfen oder beistehen können.

Vergessen Sie bei all der Aufregung um Ihr hochintelligentes Kind nicht, auch an sich zu denken. Denn auch Eltern haben ihre Grenzen und brauchen mal eine Pause. Tägliche Museumsbesuche oder ewig langes Bücher vorlesen vorm Schlafen, findet das Kind vermutlich toll, aber das können und müssen Sie nicht leisten. Wenn es um Regeln geht, könnten Sie einführen, dass einmal die Woche über eventuelle Anpassungen diskutiert werden darf. Abends sollten Sie ein festes Zeitfenster einplanen, in dem Sie nur für Ihr Kind da sind. Danach haben Sie dann Zeit für sich. Schützen Sie sich in jedem Fall vor Überforderung. Das Leben mit einem hochbegabten Kind kann schwierig und kraftraubend sein. Wenn es Ihnen einmal zu viel wird, suchen Sie sich zum eigenen Wohl, und dem Ihres Kindes, Hilfe. Manchmal hilft sogar schon der Kontakt zu anderen betroffenen Eltern, um sich zumindest nicht so allein zu fühlen.

Seien Sie bei der Verwendung des Begriffs „Hochbegabung" vorsichtig. Leider gibt es viele Vorurteile und die Kinder werden gerne als „Problemkinder" abgestempelt. Vermeiden Sie eine Etikettierung des Kindes und thematisieren Sie einfach nur dessen individuelle Bedürfnisse. Vieles kann man relativ neutral beschreiben, wie beispielsweise „sie lernt gerne", „er interessiert sich sehr für Zahlen" ... Ein konkreter Austausch über das Thema sollte anfangs nur in entsprechenden Gruppen geführt werden. Informationen zu solchen Gruppen von Gleichgesinnten finden Sie im Internet auf www.dghk.de, der Homepage der Deutschen Gesellschaft für das hochbegabte Kind.

Kapitel 8:
Der kleine Unterschied bei temperamentvollen Jungs und Mädchen

... oder ist es vielleicht doch ein großer? Gibt es vielleicht gar keine nennenswerten Unterschiede zwischen Jungen und Mädchen in der Erziehung? Liegt es letztendlich nur am individuellen Charakter des Kindes, völlig losgelöst vom Geschlecht? Diesen Fragen möchte ich in diesem Kapitel einmal auf den Grund gehen.

Jungen: Muttersöhnchen - Rabauken – Testosteronschleudern

Jungs werden in unserer Gesellschaft immer noch als das anstrengendere Geschlecht gesehen. Man sagt ihnen nach, sie sind in jungen Jahren komplizierter, zeigen häufiger Verhaltensauffälligkeiten, bringen sich öfter in Schwierigkeiten und liegen in ihrer Entwicklung meistens hinter den Mädchen. Viele Eltern, deren Kinder beide Geschlechter haben, können dies auch tatsächlich bestätigen. Es scheint also wirklich etwas Wahres an der These dran zu sein. Doch woran liegt das?

Ein Junge durchläuft in seiner Entwicklung drei Phasen, in denen er unterschiedliche Bedürfnisse hat, die man erfüllen muss. Während der ersten Phase, im Alter bis 6 Jahre, ist die Bindung zur Mutter besonders stark. Ganz egal wie gut das Verhältnis zum Vater auch sein mag, die Mutter steht an erster Stelle. Es ist an ihr, dem Kind ausreichend Liebe und Sicherheit zu geben. Denn dies sind die Grundbedürfnisse während dieser Zeit. Der Junge lernt dadurch einen positiven Blick auf das Leben zu haben und entwickelt das Bewusstsein, dass das Leben etwas Schönes ist.

Die zweite Phase reicht bis zum vollendeten 14. Lebensjahr. In dieser Zeit möchte sich ein Junge immer eigenständiger entwickeln und als männliches Wesen definieren. Hierbei orientiert er sich am Vater als wichtigstes Vorbild. Der Junge entwickelt wichtige Kompetenzen und Fähigkeiten und auch seine Persönlichkeit entfaltet sich. Gleichzeitig entdeckt er seine Männlichkeit und ist stolz auf sein Geschlecht. In dieser Phase muss der Vater da sein und die Vorbildfunktion einnehmen. Das Kind hat Bedürfnisse, die die Mutter einfach nicht decken kann.

In der dritten Phase, die bis ins Erwachsenenalter hineinreicht, verliert der Vater wieder ein wenig an Wichtigkeit. Der Junge beginnt, sich an Vorbildern außerhalb der Familie zu orientieren. Dies können Lehrer, Bekannte oder auch Prominente sein. Wenn sich der enge Kontakt zu den Eltern zu lösen beginnt, muss das in dieser Phase, zu Gunsten der Entwicklung des Sohnes, auch zugelassen werden. Selbst wenn es im ersten Moment schwerfallen kann.

Behalten Sie diese Phasen bei Ihrer Erziehung stets im Hinterkopf. Wenn die Mutter in der ersten Phase, oder der Vater später, zu wenig da ist, kann es sehr schnell zu Konflikten und Schwierigkeiten in der Erziehung und im Alltag kommen. Selbstverständlich sollten Sie aber, unabhängig von den drei Phasen, immer da sein, wenn Ihr Kind Sie braucht. Gerade als Mutter hat man ein gutes Gespür, nahezu einen siebten Sinn, für die Bedürfnisse des Kindes. Es liegt uns quasi in den Genen. Aber auch als Vater kann und muss man einen wichtigen Teil zu Entwicklung und Erziehung beitragen.

Was macht einen guten Vater aus?
Ein guter Vater ...

... ist sowohl emotional als auch körperlich anwesend.

... nimmt bereits ab der Schwangerschaft Anteil, auch wenn einiges für ihn schwer nachvollziehbar ist. Er ist ab dem ersten Moment für das Kind da, auch wenn er mit einem Neugeborenen nicht viel anfangen kann, denn bereits da werden die Weichen für eine spätere starke Bindung gestellt.

... nimmt sich Zeit für seine Kinder. Wer in der Woche mehr als sechzig Stunden arbeitet, kann der Vaterrolle einfach nicht gerecht werden. Dem Kind fehlt die Orientierung und Probleme sind vorprogrammiert.

... ist zärtlich und zeigt dem Kind sowohl mit Worten als auch Taten, dass er es liebt. Auch später noch, etwa in der Pubertät, mögen Jungs die körperliche und emotionale Nähe zu ihren Eltern, auch wenn sie es weniger zeigen. Ein anerkennendes Schulterklopfen oder eine männliche Umarmung können ab diesem Alter das gemeinsame Kuscheln ablösen. Auch lobende Worte sind ein Zeichen von Zuneigung. Es ist wichtig, dass Jungen lernen, Gefühle zu zeigen. Also zeigen Sie ihm Ihre!

... bleibt immer entspannt, egal wie anstrengend und fordernd der Sohn auch sein mag. Das bedeutet aber nicht, dass Sie alles durchgehen lassen dürfen. Nehmen Sie Ihr Vatersein ernst. Trotzdem können Sie mit Ihrem Sohn Aktivitäten unternehmen, die beiden Spaß machen, ohne Leistungsdruck und Pflichtgefühl. Nehmen Sie sich „Vater-Sohn-Zeit".

Testosteron, der Stoff der Jungs zu Jungs macht

Es ist keine Vermutung, sondern ein Fakt, dass es Verhaltensweisen gibt, die typisch für Jungs sind. Der Grund dafür ist das Hormon Testosteron, das in den verschiedenen Entwicklungsphasen in unterschiedlicher Intensität produziert wird. Bei der Geburt ist das Testosteron sogar kurzzeitig auf dem Level eines Zwölfjährigen, sinkt danach aber vorerst wieder ab. Dies ist nötig, damit sich die Geschlechtsorgane im Mutterleib vollständig ausbilden können. Im Alter von etwa vier Jahren erkennt man, dass Jungen aktiver und abenteuerlustiger werden. Viele werden zu richtigen kleinen Rabauken. Zu dieser Zeit verdoppelt sich der Testosteronspiegel im Körper, der vorher sehr niedrig war. Väter mögen diese Phase häufig sehr, da sie nun endlich ordentlich mit ihren kleinen Rackern toben und raufen können. Glücklicherweise sinkt der Testosteronspiegel zum Schulbeginn, mit circa 7 Jahren, wieder ein wenig ab, bevor er dann zwischen dem 11. und 13. Lebensjahr rasant ansteigt, und zwar um etwa 800 Prozent im Vergleich zum kleinkindlichen Niveau. Dies führt manchmal, neben Wachstumsschüben, auch zu einer Art „geistiger Verwirrung" und kann sogar kurzfristige Schwerhörigkeit auslösen. Viele Eltern erkennen ihr Kind in dieser Zeit kaum wieder und fragen sich, was sie denn falsch gemacht haben. Glücklicherweise haben die meisten Eltern gar nichts falsch gemacht und es liegt wirklich nur an der Hormonumstellung. Auch der Sohn kann nichts dafür. Spätestens mit Mitte 20 hat sich der Körper an den hohen Testosteronspiegel gewöhnt und der Junge, beziehungsweise Mann, wird wieder ausgeglichener.

Mit Blick auf den Verlauf der Hormonkonzentration wird recht schnell klar, weshalb Jungen so viel Unsinn anstellen und auch junge Männer immer wieder in Konflikte (zum

Beispiel im Straßenverkehr) geraten. Es ist deshalb für Eltern wichtig, stets für ihre Söhne mitzudenken, um sie zu schützen und Schlimmeres zu vermeiden. Gleichzeitig sollten sie ihnen aber auch die nötigen Freiräume lassen, um Erfahrungen zu sammeln, die für ihre Entwicklung wichtig sind und Lernprozesse vorantreiben. Jungen, die vor Energie strotzen, brauchen vor allem Struktur und Regeln. Klare Erziehungsrichtlinien, gepaart mit liebevoller Konsequenz, sind für Jungen immens wichtig, da sie sonst unsicher und grenzüberschreitend werden.

Sind Jungen also das schwierigere Geschlecht? Sie können es durchaus sein, wenn die Eltern die Eigenarten und die besondere biologische Entwicklung nicht im Blick haben und sich nicht darauf einrichten. Wenn man diese jedoch kennt, kann man angemessen reagieren und den Söhnen das geben, was sie brauchen, um glücklich und ausgeglichen zu sein.

Mädchen: Wenn kleine Prinzessinnen zur Diva werden

Heutzutage macht man bei der Erziehung von Mädchen und Jungen weitaus weniger Unterschiede als noch vor wenigen Jahrzehnten. Trotzdem zeigen Mädchen bei gleicher Erziehung andere Verhaltensweisen und entwickeln unterschiedliche Stärken und Schwächen. Deshalb sollte man sich auch nicht scheuen, die Tochter geschlechtsspezifisch zu erziehen und zu unterstützen. Unabhängig von vielen Erziehungsgrundsätzen gibt es verschiedene Möglichkeiten, Mädchen eine gute Entwicklung zu ermöglichen und Konflikte, die zum Beispiel aus Frust erwachsen können, zu vermeiden.

Tipps zur optimalen Entfaltung von Mädchen

Auch kleine Prinzessinnen dürfen toben und sich schmutzig machen. Gerade junge Kinder verbessern so ihre motorischen Fähigkeiten, bekommen ein besseres Selbstbewusstsein und lernen, ihre eigenen Kräfte besser einzuschätzen.

Viele Eltern neigen dazu, einer Tochter weniger zuzutrauen und sie häufiger beschützen zu wollen. Bei Problemen und Schwierigkeiten greifen Eltern oft früher ein als bei ihren Söhnen. Um Stärke und Selbstbewusstsein entwickeln zu können, sollten Sie Ihrer Tochter erlauben, eigene Erfahrungen inklusive Fehler zu machen.

Der Tochter sollte bei familiären Angelegenheiten immer ein Mitspracherecht eingeräumt werden, damit sie merkt, dass sie etwas bewegen kann und auch ihre Meinung zählt.

Mädchen müssen nicht immer lieb und brav sein. Sie dürfen wütend werden, schreien und Türen knallen. Wut und Aggressionen sind bei allen Kindern von Zeit zu Zeit normal. Geben Sie Ihrer Tochter das Recht, diese Emotionen auszuleben. Ansonsten besteht die Gefahr, dass das Kind später seine Gefühle unterdrückt oder sogar gegen sich selbst richtet. Autoaggressives Verhalten kommt bei Mädchen sehr viel häufiger vor als bei Jungen, was daran liegt, dass Mädchen immer noch häufig falsch erzogen werden, ohne Rücksicht auf ihre Emotionen.

Bieten Sie Ihrem Kind nicht nur Geschlechtsspezifisches an. Viele Mädchen sind technikbegeistert, jedoch werden ihnen entsprechende Angebote häufig vorenthalten. Fragen Sie Ihre Tochter also gezielt nach ihren Interessen und reden

Sie sie ihr nicht aus, nur weil die Interessen in Ihren Augen eher etwas für Jungen sind.

Mädchen haben von Natur aus eine schlechtere räumliche Vorstellungskraft, wodurch sie später eher Probleme beim Einparken oder Kartenlesen haben werden als das andere Geschlecht. Dies ist kein Klischee, sondern ein biologischer Fakt. Während der Erziehung sollten Sie deshalb mit Ihrer Tochter die Raumwahrnehmung trainieren. Bei jüngeren Kindern gelingt dies zum Beispiel mit einer Motorikschleife und bei älteren Kindern kann man Such- und Zuordnungsspiele anbieten.

Mädchen sind harmoniebedürftiger, wodurch sie dazu neigen, sich mehr gefallen zu lassen, um Beziehungen zu anderen nicht zu gefährden. Versuchen Sie deshalb, Ihre Tochter bei Konflikten und Streitereien zu unterstützen. Geben Sie ihr Techniken an die Hand, wie man für seine Anliegen eintreten kann, ohne gleich Gewalt anzuwenden. Machen Sie ihr klar, dass Konflikte nichts Schlimmes sind und zum Leben dazugehören.

Viele Mädchen sind kleine Stubenhocker. Statt draußen zu toben, malen und basteln sie lieber. Trotzdem ist frische Luft wichtig und das Toben im Freien ist ein guter Ausgleich für sie.

Es ist also auf den ersten Blick gar nicht so schwer mit den kleinen Mädchen. Auch wenn man nicht alle Kinder über einen Kamm scheren kann, sind sie in den Kinderjahren weniger wild und häufig kooperativer als Jungen, die generell lauter und fordernder sind. Dies wird fast jeder im Alltag mit Kindern beobachten und bestätigen können. Wieso das so ist, wurde noch nicht final geklärt, aber es gibt verschiedene Umstände und biologische Ansätze, die es zum Teil recht einleuchtend erklären. Darauf möchte ich nun auch kurz eingehen. Außerdem wird noch erforscht, in welchem Verhältnis kindliches Verhalten anerzogen wird oder genetisch bedingt ist.

Vorbilder geben Sicherheit

Ein Grund dafür, dass Mädchen leichter zu erziehen sind, ist, dass sie bereits früh mehr Orientierung in Form von Vorbildern haben als Jungs. In den ersten Jahren ist es im Normalfall die Mutter, die mehr Zeit mit den Kindern verbringt. In Kindergärten ist der Großteil der Erzieher weiblich. Auch in der Grundschule geht es mit einer Überzahl an Lehrerinnen ähnlich weiter. Mit dem gleichen Geschlecht fällt es Kindern leichter eine gemeinsame Ebene zu finden, besonders im Bereich der Interessen und der Kommunikation.

Gehirne von Jungen und Mädchen arbeiten unterschiedlich

Bereits im Mutterleib entwickeln sich die Gehirne von Jungen und Mädchen unterschiedlich. Dies liegt am Hormon Testosteron. Durch die höhere Konzentration beim Jungen ist sein Gehirn weniger fein abgestimmt, harmonisiert nicht so gut wie beim Mädchen und geht leichter ins Extrem. Dieser Umstand führt dazu, dass Jungen einen größeren Bewegungsdrang haben, impulsiver sind als Mädchen und eine Vorliebe fürs Kräftemessen haben. Sie sind zudem in der Regel weniger besonnen und oft unvorsichtiger als Mädchen. Evolutionspsychologisch zeigte sich der Unterschied in den Gehirnen darin, dass Männer in der Vorzeit jagten und kämpften, während Frauen soziale Kontakte pflegten und sammelten. Diese Tendenzen sind heute immer noch erkennbar.

Mädchen können Gefühle und Wünsche besser ausdrücken als Jungen und sind dadurch in der Lage, gut zu verhandeln. Dies sorgt automatisch für weniger Missverständnisse mit den Eltern und macht den Alltag dadurch natürlich wesentlich angenehmer. Die Ursache dieser Eigenschaft wird ebenfalls im Aufbau des weiblichen Gehirns vermutet, da bei diesem die beiden Gehirnhälften besser miteinander verknüpft sind. Man vermutet, dass dadurch Gefühle (rechte Gehirnhälfte) und Vernunft (linke Gehirnhälfte) gleichermaßen zu Wort kommen können.

Zu früh gefreut: Wenn kleine Prinzessinnen zur bösen Königin werden

Da hatte man jahrelang eine süße und liebenswerte Prinzessin im Haus, die meistens brav darauf gehört hat, was Sie ihr gesagt haben, und von heute auf morgen geht es los: Zickereien werden zur Tagesordnung, die Pubertät ist da.

Bei Mädchen fängt diese Entwicklungsphase früher an als bei Jungen und in kürzester Zeit erkennen viele Eltern ihre Tochter nicht wieder. Da ist es gut, wenn man weiß, wie diese jungen Damen am besten in Zaum gehalten werden, sich aber gleichzeitig auch zu ihrem Besten entwickeln können.

Zwischen dem 8. und 14. Lebensjahr beginnt bei Mädchen die Entwicklung zur Frau, sowohl psychisch als auch körperlich. Stimmungsschwankungen gehören ab da zum Alltag. In der Pubertät unseres Kindes müssen auch wir Eltern uns weiterentwickeln. Wir müssen lernen loszulassen und zu vertrauen. Dies fällt besonders Müttern häufig nicht leicht und stellt einen Lernprozess dar. Auch intime Gespräche mit der Tochter sind eine neue Sache, in die man hineinwachsen muss. Der richtige Zeitpunkt, die richtige Wortwahl und vieles mehr kann entscheidend für den Ausgang des Gespräches sein. Hören Sie am besten auf Ihr Bauchgefühl und bleiben Sie entspannt. Oft ergeben sich solche Gespräche auch von ganz alleine.

Rebellion ist während der Pubertät ein großes Thema und gehört einfach dazu. Das war bei uns und vermutlich auch bei unseren Eltern und Großeltern so. Dies bringt mit sich, dass Töchter sich von ihren Eltern nichts mehr sagen lassen wollen und sich andere Bezugspersonen suchen. Oft sind es dann Tanten, Großeltern oder auch ältere Kinder, die zu den engsten Vertrauten der Tochter auserkoren werden. Respektieren Sie diese Wahl und verbieten Sie Ihrer Tochter dies auf keinen Fall. Das würde Sie nämlich nur noch weiter voneinander entfernen. Akzeptieren Sie auch die Geheimnisse Ihrer Tochter und lassen Sie die Finger von ihrem Smartphone und ihren Profilen in den sozialen Medien. Vertrauen sollte oberste Priorität haben. Nicht nur für Sie. Wenn Sie Ihrer Tochter Vertrauen entgegenbringen, wird es ihr ebenfalls leichter fallen, Ihnen zu vertrauen und sich so auch bei Sorgen und Problemen zu öffnen.

Ziehen Sie sich zurück, aber seien Sie immer da, wenn Ihr Kind Sie braucht. Kinder wollen in der Pubertät selbstständig durchs Leben gehen, werden aber immer wieder über die Tücken des Erwachsenwerdens stolpern. Fangen Sie Ihr Kind auf und hören Sie ihm zu.

Die Pubertät ist definitiv eine schwierige Zeit, auch erzieherisch. Behalten Sie aber im Kopf, dass es auch für Ihre Tochter eine komplizierte und verwirrende Zeit ist. Das Mädchen muss sich selbst finden, erfährt sich und seinen Körper ständig neu, kämpft dadurch mit seinem Selbstbewusstsein und muss stetig mehr Entscheidungen selbst treffen. Solch eine Phase der Veränderung und Orientierung ist kein Zuckerschlecken und dadurch sind Launen und Zickereien einfach unausweichlich. Wenn Sie als Eltern wissen, wie Sie mit Ihrer Tochter am besten umgehen, wird sie es viel leichter haben und es Ihnen irgendwann sicherlich danken.

Der richtige Umgang mit Mädchen in der Pubertät

Nehmen Sie die Probleme Ihrer Tochter immer ernst, selbst wenn sie sich in etwas hineinsteigert, sollten Sie sie niemals belächeln. Häufig sind Mädchen in dieser Zeit mit ihrem Aussehen unzufrieden oder das erste Mal unglücklich verliebt. Seien Sie für Ihre Tochter da und versuchen Sie sie zu stärken. Suchen Sie das Gespräch mit Ihrer Tochter. Bombardieren Sie sie nicht direkt mit Ratschlägen, sondern hören Sie ihr zunächst einfach zu. Das allein kann viele junge Mädchen schon sehr entlasten.

Hören Sie Ihrer Tochter zu, aber beziehen Sie in Gesprächen auch immer klar Stellung und gehen Sie sicher, dass Ihre Tochter Ihnen auch zuhört. Machen Sie ihr klar, welche Gefahren in der Pubertät lauern und welche Konsequenzen fahrlässiges oder unbedachtes Handeln haben kann (Beispiel: ungeschützter Geschlechtsverkehr). Ihre Tochter wird Sie besser verstehen, wenn Sie Ihre Beweggründe immer klar und deutlich formulieren.

Machen Sie Ihre Sorgen und Beweggründe für Ihre Tochter nachvollziehbar. Reine Verbote bewirken nur, dass Ihre Tochter wütend wird, sich Ihnen widersetzt und sich zurückzieht. Manchmal helfen Beispiele oder eigene Erfahrungen. Letztendlich sollte Ihrer Tochter klar werden, dass Sie nur ihr Bestes wollen und sich Sorgen machen.

Vermeiden Sie abfällige Kommentare. Pubertierende Mädchen probieren vieles aus, auch in Sachen Styling und beim Outfit. Geben Sie Ihrer Tochter Ratschläge, äußern Sie auch gerne Bedenken, aber werden Sie nicht beleidigend, wenn Ihnen etwas gar nicht zusagt. Das Mädchen ist dabei, sich selbst und ihren eigenen Stil zu finden. Abfällige Kommentare nehmen ihr dabei die Freude und schwächen ihr Selbstbewusstsein.

Viele Eltern möchten ihre flügge gewordene Tochter am liebsten gar nicht mehr aus dem Haus lassen. Das ist natürlich nicht möglich und wäre auch sicherlich nicht gerade förderlich, weder für die Entwicklung Ihrer Tochter noch für das Verhältnis zwischen Ihnen. Stellen Sie lieber klare Regeln auf und besprechen und diskutieren Sie diese mit Ihrer Tochter. Bemühen Sie sich, keine allgemeinen Verbote aufzustellen. Ihre Tochter darf sich abends auch mal mit Freunden treffen oder ein Wochenende mit der besten Freundin verbringen. Auch Partys sollten nicht pauschal verboten werden. Statt zu verbieten, besprechen Sie mit Ihrer Tochter die Bedingungen, unter denen Sie etwas tun darf. Vereinbaren Sie beispielsweise eine Uhrzeit, zu der Sie Ihre Tochter abholen, oder zu der sie zu Hause sein soll. Ihre Tochter hat dadurch die Möglichkeit sich zu bewähren, Ihr Vertrauen zu gewinnen und sich so weitere Freiheiten zu verdienen. Verbote führen in der Regel zu Streitereien und weiterem Fehlverhalten.

Ausnahmen bestätigen die Regel

Es spricht vieles dafür, dass Mädchen leichter zu erziehen sind als Jungs. Dennoch gibt es Ausnahmen und auch Mädchen können echte Rabauken und Jungen kleine Träumer sein. Die Persönlichkeit ist nicht nur durch die Gene beeinflusst, sondern im gleichen Maß auch von der Umwelt. Hier spielt das soziale Umfeld, sowohl innerhalb als auch außerhalb der Familie, eine wichtige Rolle. Jungen sollten nicht immer als Sorgenkinder stigmatisiert werden und Mädchen brauchen mehr Selbstbewusstsein im Wettbewerb. Unterbewusst werden den Geschlechtern viel zu häufig bestimmte Eigenschaften zugeschrieben, die das Verhalten Ihnen gegenüber stark beeinflussen. Schnell greift dann das Prinzip der selbsterfüllenden Prophezeiung.

Gleichzeitig liegt es in unserer Natur, bei unseren Kindern den Blick eher auf das Schwierige bzw. Problematische zu richten, anstatt uns auf die Kompetenzen und Stärken zu konzentrieren. Zu jammern, wie schwierig es manchmal ist, hilft niemandem. Jungs sind im klassischen Sinne rabiater, was an sich nicht schlimm ist, sondern einfach von ihrem Umfeld Klarheit erfordert. Wenn man dies verinnerlicht, kann man sich auf ihre Stärken konzentrieren. Denn diese werden immer noch viel zu häufig als selbstverständlich angesehen und nicht angemessen wertgeschätzt.

Kapitel 9:
Wenn Paare zu Eltern werden: Eine Zerreißprobe

Die Geburt eines Kindes ist nicht nur etwas Wunderschönes, sondern auch eine große Herausforderung für die Partnerschaft. Von der verliebten Zweisamkeit bleibt gerade am Anfang nur wenig übrig. Wenn der Nachwuchs dann auch noch besonders temperamentvoll und anspruchsvoll ist, werden manche Beziehungen auf eine harte Probe gestellt. Es gilt hierbei einige Regeln zu beachten, damit die Beziehung die anstrengenden Elternjahre übersteht und Sie auch darüber hinaus ein glückliches Paar bleiben und nie den Draht zueinander verlieren.

Zunächst einmal sollten Sie niemals das Gespräch mit Ihrem Partner vernachlässigen. Denn nur wer weiß, was den anderen bewegt und was er fühlt, kann ihn verstehen und hat die Möglichkeit, an der belastenden Situation etwas zu ändern. Sie sollten versuchen, Vorwürfe zu vermeiden und stattdessen offen über Ihre Bedürfnisse sprechen. Bei Problemen sollten Sie Kompromisse anstreben, die Sie beide akzeptieren können. Bleiben Sie stets rücksichtsvoll gegenüber dem Partner und verlieren Sie nie das Positive aus den Augen. Mona berichtet darüber, wie sich ihre Beziehung zu ihrem Partner Mark durch die Ankunft ihres ersten Babys geändert hat:

„Als unsere Tochter geboren wurde, war ich mit meinem Partner bereits drei Jahre zusammen. Natürlich war mir klar, dass ein Kind vieles verändern würde, aber über das Ausmaß war ich mir zunächst nicht bewusst. Glücklicherweise haben wir

uns angestrengt und an der Beziehung gearbeitet, sodass sie jetzt, nach einigen Monaten, sogar intensiver geworden ist. Wir sind nicht mehr nur ein Paar, sondern Eltern. Und diese Tatsache verbindet ungemein. Natürlich sind der Stress und der Schlafmangel ein großes Problem und bieten ordentlich Zündstoff. Das war uns bereits im Vorfeld klar. Unser Mittel, um weiter als Paar glücklich zu sein, ist es, viel und über alles miteinander zu reden, um nicht den Draht zueinander zu verlieren. Dabei ist es uns besonders wichtig, dass sich nicht alle Gespräche um das Baby drehen. Wir beschäftigen uns auch mit Dingen, die uns bereits vorher verbunden haben. Es ist nicht einfach, aber wir sind auf einem guten Weg. Wenn die eigenen Erwartungen realistisch bleiben, denke ich, dass man die ersten Babyjahre als Paar gut überstehen kann."

Mona, 30 über Baby Jule und Freund Mark

Eine glückliche Beziehung zu führen, während der Nachwuchs den Alltag dominiert, ist nicht einfach. Wenn die Akkus leer sind, fällt es niemandem leicht, auch noch eine andere Beziehung zu pflegen. Liebevolle Worte kommen einem nur schwer über die Lippen, wenn die Nerven mal wieder blank liegen.

Die folgenden Regeln sollen es Ihnen erleichtern, auch mit temperamentvollen Kindern eine glückliche Partnerbeziehung aufrecht zu erhalten:

Tipp 1: Unterstützung annehmen

Keine Mutter ist eine schlechte Mutter, wenn sie sich nicht selbst rund um die Uhr um ihr Kind kümmert. Daher nehmen Sie bitte alle Unterstützung an, die Sie bekommen können. Vielleicht kann Ihnen ein Babysitter oder jemand aus der Verwandtschaft den Nachwuchs zumindest stundenweise abnehmen. Eine Haushaltshilfe kann Sie zusätzlich bei den alltäglichen Aufgaben entlasten.

Tipp 2: Auszeiten nehmen

Mütter brauchen auch mal Zeit für sich und für Aktivitäten, die nichts mit dem Kind zu tun haben, wie zum Beispiel Sport treiben, shoppen oder Freundinnen treffen. Dies macht sie glücklicher und ausgeglichener, was sich auch direkt auf die Partnerschaft auswirken wird.

Verabschieden Sie sich von der Vorstellung, dass alles immer perfekt sein muss. In einem Haushalt mit Kindern bleiben einige Dinge einfach liegen und man schafft weniger als früher. Das ist normal und hat letztendlich ja nur etwas damit zu tun, dass Sie für Ihr Kind da sind. Auch ein Tag mit Kindern hat nur 24 Stunden. Es ist keine Schande, wenn nicht mehr alles so perfekt ordentlich und sauber ist wie vor dem Kind. Es bringt nichts, sich für den alten Standard zu verausgaben, denn dann fehlt Ihnen am Ende nur die Kraft für die wichtigen Dinge, wie zum Beispiel Ihre Partnerschaft oder Ehe.

Tipp 3: Den Vater einspannen

Viele Männer denken, dass sie in den ersten Jahren nichts mit dem Kind anfangen können. Da aber vor allem in der allerersten Zeit die Bindung aufgebaut wird, sollten Väter sich von Anfang an mit um das Baby kümmern. Es wäre sinnvoll, feste Zeiten und Rituale zu entwickeln, in denen der Vater sich um das Kleine kümmert. Die Mutter wird im Gegenzug sehr dankbar für die kleine Auszeit sein, und der Vater entwickelt gleichzeitig mehr Verständnis dafür, wenn die Mutter wieder einmal total ausgelaugt ist.

Tipp 4: Gute Absprachen treffen
Einseitige Rollenverteilungen sind nicht nur ungerecht, sondern auch längst überholt. Außerdem wird die Mutter natürlich zunehmend frustrierter, wenn alles an ihr hängen bleibt. Treffen Sie daher Absprachen darüber, wer für was zuständig ist. Dies gilt sowohl für die Kindererziehung, als auch für die Hausarbeit. Auch wenn Ihr Mann gestresst von der Arbeit nach Hause kommt, sollte er nicht vergessen, dass auch Sie einen anstrengenden 24-Stunden-Job haben. Sprechen Sie miteinander, äußern Sie Wünsche und vergessen Sie niemals Danke zu sagen, wenn Ihr Partner Ihnen hilft und Sie entlastet.

Jeder muss erst einmal in die Rolle der Mutter oder des Vaters hineinwachsen. Niemand ist von Anfang an perfekt. Geben Sie sich deshalb immer wieder positives Feedback und bestärken Sie sich gegenseitig in Ihrem Handeln.

Tipp 5: Richtig streiten
Konflikte und Meinungsverschiedenheiten innerhalb der Familie lassen sich nicht vermeiden und sind völlig normal. Versuchen Sie dabei jedoch, sich an wichtige Kommunikationsregeln zu halten. Dazu gehört es, den anderen ausreden zu lassen, neutrale Begriffe zu verwenden, anstatt beleidigend zu werden, und sich immer die Sicht des anderen anzuhören, um seine Beweggründe verstehen zu können.

Tipp 6: Einen liebevollen Umgang pflegen
Es gibt Gesten und Rituale in einer Partnerschaft, die Sie niemals vernachlässigen sollten, egal wie gestresst oder müde Sie gerade sind. Der Kuss zum Abschied und zur Begrüßung gehört dazu, genau wie kleine Berührungen beim Spazierengehen oder abends vorm Fernseher. All diese kleinen Dinge schaffen Nähe und Vertrautheit. Dadurch ent-

steht eine Basis, die es leichter macht, auf den Partner Rücksicht zu nehmen. Auf diese Weise kann man sich nach einer Geburt auch wieder schrittweise an das Thema Sexualität herantasten.

Tipp 7: Keine Angst vor professioneller Hilfe

Manchmal geht es einfach nicht anders. Bestehende Beziehungsprobleme, die man vor dem Kind eventuell noch überspielt oder verdrängt hatte, werden mit Kind häufig zu einer noch größeren Belastung und müssen gelöst werden. Am besten wendet man sich dann an eine Familienberatungsstelle. Hier ist die Beratung vertraulich und in der Regel sogar kostenfrei.

Tipp 8: Schlaflose Nächte ausgleichen

Natürlich weiß man, dass der Schlaf nach der Geburt nicht mehrderselbe sein wird. Vor allem aber bei HighNeed Babys wird an Schlaf in den ersten Monaten gar nicht mehr zu denken sein, geschweige denn an partnerschaftliche Nähe. Auch relativ entspannte Babys können einem den Schlaf rauben, wenn sie zum Beispiel an Koliken leiden oder die ersten Zähne durchstoßen. Die Übermüdung wird über kurz oder lang ziemlich am Nervenkostüm zerren. Nicht selten liegen die Nerven bei Mama und Papa auch völlig blank. Wenn man gereizt ist, kommt es natürlich auch viel häufiger zu Streitereien, was eine echte Belastungsprobe für die Beziehung darstellt.

Versuchen Sie am besten immer dann zu schlafen, wenn Ihr Baby schläft. Dies funktioniert natürlich nur dann, wenn es Ihr erstes Kind ist und Sie sich nicht auch noch um weitere Kinder kümmern müssen. Dennoch, versuchen Sie sich so viel Erholung wie möglich zu gönnen und lassen Sie im Haushalt auch ruhig mal etwas liegen. Ihrer Partnerschaft wird es guttun. Versuchen Sie, Aufgaben im Haushalt während der Wachphasen zusammen mit Ihrem Baby zu erledigen. Hierbei können Sie auf Hilfsmittel wie eine Babytrage bzw. Tragetuch, eine Babywippe oder -schaukel und ähnliche Dingen zurückgreifen.

Tipp 9: Neue Rollenverteilung annehmen

Kinder sorgen für völlig neue Rollenverteilungen in einer Partnerschaft. Vorher hatten häufig beide Partner einen geregelten Job und ihre Karrieren. Nun muss sich zumindest einer von beiden einen Großteil der Zeit um den Nachwuchs kümmern. Auch hier kann es schnell zu Frustration kommen, die sich auf die Beziehung auswirkt. Ein häufiges Problem ist, dass die Mutter und der Vater die neuen Rollen des jeweils anderen idealisieren. Er hält ihr vor, dass es doch schön sein muss, nicht zu arbeiten und den ganzen Tag mit einem niedlichen Baby oder Kleinkind zu verbringen, während er heldenhaft mit harter Arbeit die komplette Familie versorgt. Daher kann er auch nicht verstehen, dass sie total gestresst und erschöpft ist, wenn er von der Arbeit kommt und das Essen mal nicht pünktlich auf dem Tisch steht. Andererseits idealisiert die Mutter auch das Leben des Vaters. Etwa sieht sie ihn schick zurechtgemacht von Meeting zu Meeting schlendern oder voller Leidenschaft interessante Projekte bearbeiten. Danach gibt's dann noch eine total entspannte Autofahrt ohne Kinderquengelei, aber dafür mit der Lieblingsmusik. Beide Vorstellungen sind natürlich völlig überspitzt. Die Realität liegt irgendwo in der Mitte. Fangen Sie an, Verständnis für das Leben und die Aufgaben des anderen zu haben. Jede Seite hat Vor- und Nachteile, und natürlich ist eine Rollenverteilung nicht immer fair. Reden Sie darüber, was Sie eventuell belastet und wo Sie sich Hilfe und Unterstützung vom Partner wünschen. Vergessen Sie vor allem niemals, sich gegenseitig wertzuschätzen.

Tipp 10: Zeit als Liebespaar vorerst abschreiben

Viel Zeit für Zweisamkeit wird es in der Zeit direkt nach der Geburt vermutlich nicht geben. Wann der Nachwuchs Ihnen wieder Zeit zu zweit gönnen wird, hängt ganz davon ab wie temperamentvoll und anspruchsvoll er ist. Sobald das Kind schläft, wäre ein gemütlicher Abend zu zweit zwar theoretisch möglich, aber stattdessen fällt man dann doch direkt erschöpft ins Bett und will einfach nur selbst ein wenig Schlaf finden. Ein Kind verschiebt den Schwerpunkt in einer Beziehung. Früher stand die Zweisamkeit stets im Fokus und nun sind es eben die familiären Entscheidungen und die Bedürfnisse des Kindes. Es besteht die Gefahr, dass man sich durch die fehlende Liebesbeziehung als Paar voneinander entfernt. Um langfristige Frustration zu vermeiden, sollte man bereits früh anfangen den richtigen Weg einzuschlagen. Deshalb führen Sie ehestmöglich Gute-Nacht-Rituale ein. Diese helfen Babys und auch kleinen Kindern enorm beim Einschlafen. Ein geregelter Ablauf gibt Ihrem Kind Sicherheit und Geborgenheit und je eher es zur Ruhe kommt, je eher haben Sie dann auch wieder Zeit für Zweisamkeit. Auch wenn die wenigsten Kinder von Anfang an durchschlafen, seien Sie zuversichtlich, dass es irgendwann besser wird. Anstrengende Phasen wird es immer wieder geben und gehören zum Elternsein einfach dazu. Bleiben Sie gelassen und achten Sie darauf, Ihren Frust nicht aneinander auszulassen.

Tipp 11: Verlieben Sie sich neu

Natürlich liebt man sein Kind mehr als alles andere auf der Welt. Man kann sich aber auch noch einmal neu in den Partner verlieben. Die Geburt des eigenen Kindes offenbart auch bei den Eltern völlig neue Eigenschaften, Wesenszüge und Stärken, die Sie vorher vielleicht gar nicht kannten. Seien Sie offen für diese wundervollen Dinge und erfreuen

Sie sich daran, wie Ihr Partner das Baby zum Lachen bringt, ihm Schlaflieder vorsingt, und auch dann ruhig bleibt, wenn Sie das Gefühl haben, es geht nicht mehr. In solchen Situationen, in denen er Ihr Fels in der Brandung ist, werden Sie sich erneut in ihn verlieben.

Tobias ist stolzer Vater und liebender Ehemann. Dennoch haben sich sein Leben und seine Beziehung seit der Geburt seiner Tochter radikal verändert. Hier berichtet er von seinem Unmut:

„Meine Frau hat vor 4 Monaten unsere Tochter zur Welt gebracht. Für sie war es ein absolutes Wunschkind. Ich hingegen hätte auch noch etwas warten können. Ihr zuliebe habe ich aber zugestimmt und natürlich liebe ich meine Tochter und bin ein stolzer Vater. Leider geht unsere Beziehung seit der Geburt jedoch total den Bach herunter. Während Eva voll und ganz in der Mutterrolle aufgeht, kann ich mit der Kleinen irgendwie nicht so wirklich etwas anfangen. Teilweise merke ich sogar, dass ich aggressiv werde, wenn sie schreit und sich nicht beruhigen lässt. Wenn ich nach der Arbeit nach Hause komme, möchte ich einfach nur meine Ruhe haben. Stattdessen bekomme ich das Baby in die Hand gedrückt und Eva berichtet mir lang und breit, was die Kleine den Tag über alles gemacht hat, wie oft sie gekackt oder gespuckt hat, wann sie geschlafen hat etc. Das alles interessiert mich jedoch eigentlich kaum. Andere Themen, die mich und Eva früher verbunden haben, kommen gar nicht mehr auf den Tisch. Und abends, wenn das Baby schläft und eigentlich Zeit für Zweisamkeit wäre, klagt meine Frau nur noch über Erschöpfung und geht selbst schlafen. Ich fühle mich einfach nur noch komplett überflüssig. Sie interessiert sich kein Stück mehr für mich und mein Leben. Wenn ich was erzählen will, hört sie, wenn überhaupt, nur mit einem Ohr zu. Ich glaube, sie merkt gar nicht, dass wir uns immer weiter voneinander entfernen

und ich erkenne sie gar nicht wieder. Sex spielt zurzeit natürlich auch keine Rolle mehr. Ich lebe wirklich wie ein Mönch, nur mit mehr Stress."

Tobias, 35 über Baby Sophie und Ehefrau Eva

Natürlich ist die Umstellung am Anfang schwer, vor allem für den Vater. Versuchen Sie, sich auf die neue Situation einzulassen und erlauben Sie sich, den anderen mit neuen Augen zu sehen. Fokussieren Sie sich dabei auf neue Eigenschaften, die durch das Baby zutage treten, etwa wie liebevoll der Partner mit dem Nachwuchs umgeht. Sprechen Sie es offen an, wenn Sie das Gefühl haben, dass das Baby zu viel Raum einnimmt und Sie den Partner nicht wiedererkennen. Nehmen Sie sich regelmäßig Zeit für gemeinsame Unternehmungen mit Ihrem Partner, beispielsweise wenn Familienangehörige auf das Kind aufpassen können. Legen Sie Wert darauf, in den seltenen Momenten der Zweisamkeit nicht ausschließlich über das Baby zu reden. Sorgen Sie dafür, dass es auch andere Themen zu besprechen gibt!

Kapitel 10: Mögliche Ursachen für temperamentvolle Kinder

Es gibt viele Gründe, warum ein Kind schwer erziehbar ist. Manchmal ist es das Temperament oder einfach der Charakter. Manchmal stecken ADHS, Hochsensibilität oder Hochbegabung dahinter. Wenn man Glück hat, ist das Kind auch nur phasenweise schwieriger. Es besteht aber durchaus auch die Möglichkeit, so hart es auch klingt, dass Sie als Eltern schuld daran sind, wenn Ihr Kind schwierig und verhaltensauffällig wird. Nicht jedes temperamentvolle und charakterstarke Kind wird automatisch verhaltensauffällig. Auch die ruhigen und zurückhaltenden Typen können bei falscher Pflege und Erziehung auffällig und schwierig werden.

Gestörte Beziehungen

Problemkinder sind häufig ein Symptom kranker oder gestörter Beziehungen zwischen Kindern und Erwachsenen. Ein Kind sollte nie wie ein Partner angesehen werden, der in sämtliche Entscheidungen eingebunden wird. Denn in diesem Fall würden dem Kind die Grenzen fehlen, die für seine Entwicklung so immens wichtig sind. Dann gibt es wiederum Eltern, die von ihrem Kind erwarten, immer und zu jedem Zeitpunkt geliebt zu werden. So etwas ist in der Praxis natürlich nicht möglich. Auch ein Kind ist mal wütend und es muss die Möglichkeit haben, seine Gefühle auch auszuleben. Und erwarten Sie bloß nie, dass Ihr Kind immer so funktionieren wird, wie Sie es wünschen! Zu große Erwartungen setzen das Kind unter Druck und lösen Frust und Aggression aus. Viele Kinder tun Dinge, nicht weil sie es gerne tun, sondern tatsächlich für ihre Eltern, um ihnen zu gefallen. Schauen Sie deshalb immer genau hin, ob Ihr Kind nicht vielleicht tief im Inneren unglücklich ist und sich bloß nicht traut es Ihnen gegenüber zu zeigen, aus Angst Sie zu enttäuschen. Langfristig führt das zu einer gestörten Eltern-Kind-Beziehung und einem schwierigen Umgang im Alltag.

Vaterlosigkeit

Besonders häufig gelten Jungs als schwierig. Nicht nur gefühlt, sondern auch in der Statistik, liegen sie deutlich vorne. Psychologen erklären sich dies durch die weit verbreitete Dominanz der Mütter im Zusammenspiel mit einer gewissen „Vaterlosigkeit,". Mit diesem Begriff ist keinesfalls die reine Abwesenheit der Väter gemeint, sondern vielmehr die Tatsache, dass sie sich in der Erziehung, und auch emotional, sehr oft zu Randfiguren entwickeln. Auch Mütter lassen Väter zu solchen verkommen, da der Sohn für sie meistens im Mittelpunkt steht. Es entsteht ein Teufelskreis, in dem sich der Vater die Erziehung nicht zutraut und die Mutter diese zunehmend komplett übernimmt. Sie fixiert sich immer stärker auf den Sohn und verwöhnt ihn. Solch ein Junge entwickelt eine Erwartungshaltung, dass sich auch in der Außenwelt alles um ihn dreht. Wenn diese Erwartung nicht erfüllt wird, wird er launisch und wütend. Ein Vater sollte deshalb für seinen Sohn stets Stärke und Zuneigung verbinden und sich aktiv in die Erziehung einbringen. So kann der Sohn gestärkt in die Außenwelt, zum Beispiel die Schule, treten.

Der Situation ins Auge schauen

Wenn man nach den Ursachen sucht, weshalb das eigene Kind so schwer zu erziehen ist, muss man sich zunächst einige zentrale Fragen stellen:

Bekommt mein Kind genug Liebe, Anerkennung und Förderung oder gibt es in bestimmten Bereichen einen Mangel?

Wie ist der familiäre Stresspegel? Sind die Bezugspersonen meines Kindes ausgeglichen und zufrieden, oder gar unglücklich, und übertragen diese negativen Gefühle aufs Kind?

Sind meine Erwartungen an das Kind angemessen? Oder sind sie überzogen und Enttäuschungen dadurch vorprogrammiert?

In welcher Beziehung stehe ich zu meinem Kind?

Welche Rolle nimmt der Vater in der Familie ein, und aus welchem Grund?

Wer in sich geht und die Situation anhand dieser Fragen kritisch reflektiert, wird auf jeden Fall wertvolle Erkenntnisse erlangen und im Alltag vielleicht direkt etwas ändern können. So können sich bereits viele schwierige Situationen verbessern und Konflikte lösen lassen.

Des Weiteren nehmen Sie sich bitte Zeit für Ihr Kind. Und zwar am besten unverplante Zeit, ohne Hektik und ohne etliche Programmpunkte. Nutzen Sie diese Zeit, um Ihrem Kind ein hohes Maß an positiver Zuwendung zukommen zu lassen und seine Stärken zu betonen und zu loben.

Ignorieren Sie niemals ein aggressives oder negatives Verhalten des Kindes. Äußern Sie Ihr Missfallen nicht durch schimpfen, sondern mit klaren Worten oder auch einfach nur zwecks Mimik.

Auch Mitgefühl ist ein Weg, um Zugang zum Kind zu bekommen. Dass ein Kind wütend ist, weil der Lehrer bei bestem Sommerwetter einen riesigen Berg an Hausaufgaben aufgegeben hat, sollte auch für Erwachsene nachvollziehbar sein. In solch einer Situation bestärken Sie Ihr Kind ruhig in seiner Wut, und sagen Sie ihm, dass Sie an seiner Stelle auch wütend wären.

Vergessen Sie nie, dass ein Kind die Folgen seines Handelns noch nicht im vollen Umfang abschätzen kann. Eltern treffen deshalb die Entscheidungen, die Kinder lediglich Unterentscheidungen. Zum Beispiel treffen Sie die Entscheidung, dass aufgrund des Wetters eine dickere Jacke getragen wird. Das Kind kann dann aber entscheiden, welche seiner dickeren Jacken es trägt. Außerdem ist es Aufgabe der Eltern den Zeitrahmen für bestimmte Aktivitäten, beispielsweise Hausaufgaben erledigen oder Klavier üben, festzulegen. Wenn Ihr Kind sich nicht an Regeln oder Abläufe hält und zu meckern beginnt, meckern Sie nicht zurück. Bleiben Sie ruhig und verlassen Sie die Situation (oder sogar den Raum) mit der Info, dass der geplante Tagesablauf erst weitergehen kann, wenn Ihr Kind seine Aufgabe erledigt hat.

In vielen Familien haben sich außerdem „Belohnungstafeln" bewährt. Hier werden meistens Sternchen oder Smileys für ein erwünschtes Verhalten vergeben. Wenn das Kind eine bestimmte Anzahl davon erreicht hat, bekommt es ein kleines Geschenk. Dieses Prinzip ist besonders für Kleinkinder geeignet.

Sonderkapitel: Immer mehr Kinder schwer erziehbar: Ursache der Schulmisere

Wenn man sich einmal in den Schulen umschaut, merkt man schnell, dass man nicht alleine ist, wenn man zu Hause ein schwer erziehbares, besonders temperamentvolles oder anderweitig verhaltensauffälliges Kind hat. In Deutschland sollen laut Schätzungen knapp 90.000 Jungen und Mädchen verhaltensauffällig sein und die Dunkelziffer könnte deutlich höher liegen. Während die meisten Lehrer die Eltern dafür verantwortlich machen, fühlen sich diese mit der Situation oft überfordert.

Wenn man in der heutigen Zeit mit Lehrern spricht, wird fast jeder bestätigen, dass die Situation heikel ist. Schüler schmeißen mit Stühlen oder verlassen nach Belieben den Unterricht, um auf dem Pausenhof eine Zigarette zu rauchen. Jungs zeigen sich häufig aggressiv, während Mädchen eher zu verbaler Gewalt neigen, andere mobben oder sich selbst verletzen. Was früher als Ausnahme galt, ist heute an den meisten Schulen Alltag. Nicht nur Brennpunktschulen leiden unter der Entwicklung, sondern auch die kleineren Schulen in eher ländlichen Gegenden. Neben den ganz krassen Fällen gehören rund 10 Prozent der Schüler zu den typischen „Krawallmachern" mit einer geringen Frustrationstoleranz, die schnell aggressiv werden. Sie ignorieren Aufforderungen der Lehrer und verfügen über wenig, bis gar kein, Verständnis für Regeln. Auch wenn solche Kinder den Schulfrieden nicht gefährden, so stören sie doch in hohem Maße den Unterrichtsverlauf.

Schulsozialarbeiter sind mittlerweile an fast jeder Schule zu finden und versuchen, solche Schüler aufzufangen. Sie reden ihnen ins Gewissen und versuchen ihnen die geltenden Schulregeln zu vermitteln, um die Lehrer zu entlasten. Letztendlich ist es aber Aufgabeder Eltern, dies zu leisten, anstatt sämtliche Verantwortung an die Schulen abzugeben. Das ist sogar im Grundgesetz verankert, welches besagt, dass sowohl Eltern als auch die Schule den Auftrag haben, Kinder und Jugendliche zu eigenverantwortlichen und gemeinschaftsfähigen Persönlichkeiten zu erziehen. Früher war die Arbeitsteilung klar. Bereits seit einiger Zeit herrscht jedoch ein Ungleichgewicht, das immer größer wird. Immer mehr Eltern verlieren bei der Erziehung die Orientierung, fühlen sich überfordert und geben letztendlich auf. Dieser Trend setzt sich seit Jahren fort. Auffällig ist, dass viele Kinder die Bedeutung des Wortes „Nein" aus dem Elternhaus nicht mehr kennen und ihnen Werte, wie Toleranz und Respekt gegenüber anderen, ebenfalls nicht beigebracht wurden. Laut amtlichen Statistiken weisen immer mehr Kinder einen erhöhten Förderbedarf im Bereich der emotional-sozialen Entwicklung auf. Waren es im Jahr 2007 noch 0,6 Prozent der Kinder, so hatten 2016 bereit 1,2 Prozent solch eine Diagnose. Der soziale Hintergrund der Familie spielt hierbei übrigens keine Rolle. Verhaltensauffällige Kinder findet man in allen gesellschaftlichen Schichten.

Eine Ursache wird darin vermutet, dass es immer schwerer für die Eltern wird, Beruf und Familie unter einen Hut zu bekommen. Wenn Eltern früh wieder zu arbeiten beginnen, und dann auch gleich viele Stunden am Tag, fehlt ihnen häufig neben der Zeit auch schlichtweg die Kraft, um die Kinder zu erziehen. Dieses Defizit können und müssen Lehrer nicht ausgleichen. Die Kernerziehungskompetenz liegt bei den Eltern. Wenn diese ihre Vorbildfunktion nicht wahrnehmen und den Kindern keine Werte vorleben, kommt es zwangsläufig zu großen Defiziten bei der Entwicklung der Kinder. Lehrer können ihren Erziehungsauftrag nur in Kooperation mit den Eltern erfüllen. Doch diese sind immer öfter total überfordert. Woran liegt das?

Wie bereits erwähnt, liegt es meistens an der nicht optimalen Vereinbarkeit von Familie und Beruf. In vielen Familien müssen beide Elternteile arbeiten, um über die Runden zu kommen. Auf ihnen lastet ein enormer Druck, dem viele nicht standhalten, und die dann zum Leidwesen der Kinder kapitulieren. In den Schulen verschiebt sich dadurch der Fokus. Statt Mathe nach Lehrplan unterrichten zu können, muss zunächst das soziale Miteinander gelernt werden. Selbst das Erlernen grundlegender Alltagsfertigkeiten, wie Fahrradfahren oder Schwimmen, wird immer mehr in die Schule verlagert.

Psychologen machen für die negative Entwicklung auch die heutige schnelllebige Welt im Zeitalter von Internet und Smartphone verantwortlich. Von allen Seiten prasseln Eindrücke auf die Eltern ein, sodass sie das Wesentliche, nämlich ihr Kind, schnell aus den Augen verlieren. Früher war es die Intuition, auf die sich Eltern bei der Erziehung verlassen konnten. Diese geht heutzutage im Gewirr von Nachrichten und Anrufen jedoch allzu oft unter. Ein quengelndes Kind bekommt dann nicht die Aufmerksamkeit, die es benötigt. Schnell werden Eltern aus Bequemlichkeit inkonsequent und geben bei jedem Gejammer nach. Dies ist fatal für die Psyche des Kindes, da es dadurch erfährt, wie leicht es seine Eltern manipulieren kann. Auch im Umgang mit anderen fällt es ihm schwer, sich etwas sagen zu lassen. Für die Schule bedeutet dies, dass die Kinder nur lustorientiert mitarbeiten, also nur dann, wenn es ihnen passt. Mit Ansprüchen oder Kritik des Lehrers können sie nicht umgehen und reagieren häufig mit totaler Verweigerung oder sogar Wut. Solch eine Entwicklung lässt die Zahl der Schulabbrecher von Jahr zu Jahr steigen. Um sie zu stoppen, sind in erster Linie die Eltern gefragt, erst dann können Lehrer ihrem Auftrag im vollen Umfang nachkommen.

Folgende Punkte sollten daher in keinem Elternhaus zu kurz kommen:

- feste Bezugspersonen

- feste, geregelte Abläufe, an denen die Kinder sich orientieren können

Es spielt keine Rolle, wer die Bezugspersonen sind, Hauptsache sie sind vorhanden. Oft ist es hilfreich, beruflich kürzer zu treten, um genügend Zeit für das Kind zu haben und einen geregelten Tagesablauf zu gewährleisten.

Wenn gar nichts mehr geht: Professionelle Hilfe bei schwer erziehbaren Kindern und Jugendlichen

Manchmal ist es leider so, dass selbst die engagiertesten Eltern bei ihrem Nachwuchs nur noch auf taube Ohren stoßen und irgendwann an einem Punkt sind, an dem sie selbst nicht mehr weiterwissen. In solch einer Situation ist es wichtig, dass man das Kind nicht sich selbst überlässt und quasi den Kopf in den Sand steckt, sondern dass man sich professionelle Hilfe sucht.

Problemkinder kommen in den besten Familien und auch in allen sozialen Schichten vor. Auch in Familien mit klaren Regeln und Strukturen kann es vorkommen, dass sich ein Kind, vor allem im Teenageralter, nicht mehr erziehen und kontrollieren lässt. Es terrorisiert seine Mitmenschen, hält sich an keinerlei Regeln und konsumiert vielleicht sogar Alkohol oder Drogen. Wenn dies der Fall ist, sollte man sich die Frage stellen, ob das Kind das Familienleben, und auch sein eigenes Leben, so sehr gefährdet, dass es aus der Familie herausgenommen werden sollte, um in einer entsprechenden Einrichtung betreut zu werden.

Der erste Weg muss nicht zwangsläufig zum Jugendamt führen. In der Regel wird dieses Sie zunächst sowieso an eine Erziehungsberatungsstelle verweisen. Hier bekommen Sie viele Tipps und Anleitungen zur Selbsthilfe. Bei Bedarf wird stundenweise ein Sozialarbeiter zu Ihnen nach Hause kommen, um sich ein Bild von der Situation zu machen und Ihnen bei der Erziehung ein wenig unter die Arme zu greifen. Bei einigen Kindern wird dieser Schritt bereits helfen. Andere Kinder werden sich allerdings noch mehr zurückziehen und noch mehr Mist bauen.

Bei ernsthaften Situationen, wie Diebstahl oder tagelanges Verschwinden, ohne sich zu melden, sollten Eltern die Polizei einschalten. Wenn sich das Verhalten von Jugendlichen derart ins Negative verändert, stecken häufig psychische Probleme dahinter. Das Robert Koch Institut gibt beispielsweise an, dass etwa 22 Prozent aller Jugendlichen psychische Probleme haben und eine psychologische Beratung, oder sogar Therapie, bräuchten. Ist dies der Fall, kann das Jugendamt den Eltern Adressen und Anlaufstellen nennen oder sogar einen ersten Termin vereinbaren. Neben der Einzeltherapie besteht auch die Möglichkeit eine Familientherapie in Anspruch zu nehmen. Dies ist zum Beispiel sinnvoll, wenn der Leidensweg der Familie schon länger andauert. Nicht selten zerrüttet ein schwer erziehbares Kind auch die Paarbeziehung der Eltern, wodurch Streitereien an der Tagesordnung sind.

Manchmal kann es sein, dass die momentan beste Lösung die Unterbringung des Kindes in einer sozialpädagogischen oder sozialtherapeutischen Jugendwohngruppe ist. Allein der Gedanke sein Kind in fremde Hände zu geben, ist für Mütter und Väter eine große Belastung. Oft schämen sie sich dafür und haben das Gefühl, auf ganzer Linie versagt zu haben. Und trotzdem ist es für sie in diesem Stadium die einzige Lösung, die noch Sinn macht. Bevor ein Kind fremduntergebracht wird, werden allerdings erst einmal alle anderen Alternativen ausgelotet. Zu diesen Maßnahmen gehören etliche Hilfsangebote, wie karitative, kirchliche oder gemeinnützige Beratungsstellen, die kostenlos beraten und helfen, sowie Psychotherapeuten und Familienhelfer. Der Kinderschutzbund bietet zudem eine kostenlose Notfall-Hotline (0800 111 0 550) an, unter der speziell geschulte Mitarbeiter Tipps geben und manchmal auch einfach nur ein offenes Ohr haben.

Wenn nichts geholfen hat und es tatsächlich auf eine Fremdunterbringung hinausläuft, wird trotzdem weiter daran gearbeitet, dass die Familie irgendwann wieder zusammengeführt werden kann. Die Erzieher und Sozialpädagogen in den Wohngruppen pflegen in der Regel einen engen Kontakt zum Elternhaus des Kindes und organisieren Gespräche zwischen Kind und Eltern, mit dem Ziel, dass beide Seiten wieder zueinanderfinden.

Sie sehen also, dass es keine Schande ist, sich bei der Erziehung Hilfe zu holen. Wenn Ihr Kind sich nicht erziehen lässt, liegt es nicht unbedingt an Ihnen. Oft liegt es am Umfeld oder schlichtweg am Temperament des Kindes. Wenn Sie Hilfsangebote annehmen, sollten Sie sich nicht schämen oder als Versager fühlen. Letztendlich tun Sie nur das, was für Ihr Kind in dieser schweren Situation am besten ist. Sie schützen Ihr Kind zudem davor, noch tiefer in die Abwärtsspirale zu geraten. Letztendlich macht genau das gute Eltern aus: Das Beste für sein Kind zu wollen, es zu beschützen und Verantwortung zu übernehmen, um es zu einem wunderbaren Erwachsenen zu machen. Wenn dazu Hilfe von außen nötig ist, zögern Sie nicht, diese auch anzunehmen und zuzulassen. Irgendwann wird Ihr Kind es Ihnen danken.

Gratis-Bonusheft

Vielen Dank noch einmal für den Erwerb dieses Buches. Als zusätzliches Dankeschön erhalten Sie von mir ein E-Book, als Bonus, und völlig gratis.

In diesem Bonus wird ein moderner Erziehungsansatz vorgestellt, der verstärkt Aufmerksamkeit erhält: Die sogenannte Bedürfnisorientierte Erziehung, auch als „Attachment Parenting" bekannt, hat sich in den vergangenen Jahren global als eine Alternative zu klassischen Erziehungsmodellen etabliert. Im Bonus erwarten Sie Einblicke in diesen Erziehungsansatz, mit Beispielen und Erfahrungen, die verdeutlichen, wie diese Art der Erziehung im Alltag funktionieren kann.

Wie Sie das Bonusheft erhalten können erfahren Sie auf der nächsten Seite:

„Bist du noch zu retten?"

Öffnen Sie ein Browserfenster auf Ihrem Computer oder Smartphone und geben Sie Folgendes ein:

bonus.katharinalowe.com

Sie werden dann automatisch auf die Download-Seite geleitet.

Bitte beachten Sie, dass dieses Bonusheft nur für eine begrenzte Zeit zum Download verfügbar ist.